Berliner Platz 3

NEU

Deutsch im Alltag

Teil 1

Lehr- und Arbeitsbuch

Susan Kaufmann
Christiane Lemcke
Lutz Rohrmann
Paul Rusch
Theo Scherling
Ralf Sonntag

Margret Rodi: Testtraining

Langenscheidt

Berlin · Madrid · München · Warschau · Wien · Zürich

Von
Susan Kaufmann, Christiane Lemcke, Lutz Rohrmann, Paul Rusch, Theo Scherling und Ralf Sonntag

Testtraining: Margret Rodi

Redaktion: Annerose Bergmann, Lutz Rohrmann und Annalisa Scarpa-Diewald
Gestaltungskonzept und Layout: Andrea Pfeifer
Umschlaggestaltung: Svea Stoss, 4S_art direction
Coverfoto: Fotosearch, USA; Abbildung Straßenschild: Sodapix AG
Illustrationen: Nikola Lainović

Für die Audio-CD zum Arbeitsbuchteil:
Tonstudio: White Mountain, München
Musik: Jan Faszbender
Aufnahme, Schnitt und Mischung: Andreas Scherling
Koordination und Regie: Bild & Ton, München

Verlag und Autoren danken Birgitta Fröhlich, Eva Harst, Anne Köker, Margret Rodi, Barbara Sommer und Matthias Vogel, die *Berliner Platz NEU* begutachtet und mit wertvollen Anregungen zur Entwicklung des Lehrwerks beigetragen haben.

Materialien zu *Berliner Platz 3 NEU*, Teil 1:

Lehr- und Arbeitsbuch	978-3-468-47281-7
1 CD zum Lehrbuchteil	978-3-468-47285-5
Intensivtrainer 3 (Kapitel 25–36)	978-3-468-47245-9
Lehrerhandreichungen 3 (Kapitel 25–36)	978-3-468-47249-7
Testheft 3 (Kapitel 25–36)	978-3-468-47248-0
Treffpunkt D–A–CH 3	978-3-468-47256-5

Glossare finden Sie im Internet unter:
www.langenscheidt.de/berliner-platz

Symbole:

1.1 Zu dieser Aufgabe gibt es eine Tonaufnahme auf der CD zum Lehrbuchteil. (separat erhältlich)

3.1 Zu dieser Aufgabe gibt es eine Tonaufnahme auf der CD zum Arbeitsbuchteil. (im Buch eingelegt)

Hier gibt es Vorschläge für Projektarbeit.

Hier finden Sie Lösungshilfen unter der Aufgabe.

P Diese Aufgabe ist wie eine Aufgabe in der Prüfung *(DTZ* oder *ZD)* aufgebaut.

Satz: Franzis print & media GmbH, München
Gesamtherstellung: Stürtz GmbH, Würzburg
ISBN 978-3-468-47281-7

11030

Liebe Benutzerinnen und Benutzer,

Berliner Platz NEU ist ein Lehrwerk für Erwachsene und Jugendliche ab etwa 16 Jahren. Es ist für alle geeignet, die Deutsch lernen und sich schnell im **Alltag** der deutschsprachigen Länder zurechtfinden wollen. Deshalb konzentriert sich *Berliner Platz NEU* auf Themen, Situationen und sprachliche Handlungen, die im Alltag wichtig sind.

Berliner Platz NEU legt großen Wert auf das Training aller Fertigkeiten: **Hören** und **Sprechen** ebenso wie **Lesen** und **Schreiben**.

Für eine erfolgreiche Verständigung im Alltag ist eine verständliche **Aussprache** mindestens so wichtig wie Kenntnisse von Wortschatz und Grammatik. Deshalb spielt das Aussprachetraining eine große Rolle. In *Berliner Platz 3 NEU* wird das Aussprachetraining im Arbeitsbuchteil vertieft.

Berliner Platz NEU orientiert sich am Rahmencurriculum für Integrationskurse Deutsch als Zweitsprache. Der Kurs endet mit der Niveaustufe B1 des Gemeinsamen europäischen Referenzrahmens (GER).

Das Angebot

Ein Lehrwerk ist viel mehr als nur ein Buch. Zu *Berliner Platz NEU* gehören diese Materialien:

- die **Lehr- und Arbeitsbücher**
- die **Hörmaterialien** zum Lehr- und Arbeitsbuch
- die **Intensivtrainer** mit mehr Übungen zu Wortschatz und Grammatik
- die **Testhefte** zur Prüfungsvorbereitung
- die **Lehrerhandreichungen** mit zusätzlichen Tipps für einen abwechslungsreichen Unterricht
- die **Landeskundehefte** *Treffpunkt D–A–CH* mit vielen Informationen zu den deutschsprachigen Ländern
- die Zusatzangebote für Lerner/innen und Lehrer/innen im **Internet** unter: www.langenscheidt.de/berliner-platz
- **Glossare**

Der Aufbau

Berliner Platz NEU ist einfach und übersichtlich strukturiert, sodass man auch ohne lange Vorbereitung damit arbeiten kann. Die Niveaustufe B1 ist wie A1 und A2 zuvor in **zwölf Kapitel** aufgeteilt.

Im Lehrbuchteil hat jedes Kapitel zehn Seiten, die man nacheinander durcharbeiten kann.

- **Einführung** in das Kapitel (Seite 1 und 2)
- **Übung** der neuen Situationen und sprachlichen Elemente (Seite 3 bis 8); der Niveaustufe entsprechend ist das **Fertigkeitstraining** nun in den Ablauf der Kapitel integriert.
- **Zusammenfassung** der wichtigsten sprachlichen Elemente des Kapitels: *Im Alltag* und *Grammatik* (Seite 9 und 10). In einigen Kapiteln finden Sie hier auch Hinweise zur Wortbildung.
- Die vier **Raststätten** in B1 bieten
  - spielerische **Wiederholung**
  - zusätzliche Seiten zur **Landeskunde**
  - Trainingsseiten für die **mündliche Prüfung**

Der Arbeitsbuchteil folgt dem Lehrbuchteil. Zu jeder Aufgabe im Lehrbuchteil (1, 2, 3 …) gibt es eine Übung im Arbeitsbuchteil (1, 2, 3 …):

- **Vertiefende Übungen** zum Lehrbuchangebot
- Übungen zur **Aussprache**
- **Testtraining**

In den Abschnitten **Im Alltag EXTRA** finden Sie zu jedem Kapitel ein breites Angebot zusätzlicher Aufgaben zum deutschen Alltag.

Prüfungsvorbereitung

Berliner Platz 3 NEU schließt den Grundkurs ab und führt zu den Prüfungen **Deutsch-Test für Zuwanderer** (DTZ) und **Zertifikat Deutsch** (ZD). Als Vorbereitung dazu dienen die dritten Doppelseiten in den **Raststätten** und die Abschnitte **Testtraining** im Arbeitsbuchteil. Aber auch einige Aufgaben in den Arbeitsbuchkapiteln sind so angelegt, dass sie zugleich die Prüfungsformate trainieren.

Wir wünschen Ihnen viel Spaß und Erfolg beim Deutschlernen mit *Berliner Platz 3 NEU*.

Die Autoren und der Verlag

Das lernen Sie in Teil 1 von *Berliner Platz 3 NEU*

25 Alt und Jung

Lernziele

- Personen beschreiben
- Informationen am Telefon erfragen
- Vorteile und Nachteile nennen

1 Eine, zwei, drei Generationen

a Wählen Sie ein Bild aus. Notieren Sie fünf Wörter, die Ihnen dazu einfallen.

b Was finden Sie an diesem Bild interessant?

Ich habe das Bild gewählt, weil …

Das Bild erinnert mich an …

Ich denke bei dem Bild an …

Mir gefällt das Bild, weil …

2 **Bilder und Personen beschreiben**
Suchen Sie zwei oder drei andere im Kurs, die das gleiche Bild gewählt haben. Wählen Sie in der Gruppe eine Aufgabe von 1–3 aus. Stellen Sie Ihre Ergebnisse dann im Kurs vor.

1 **Was sehen Sie auf Ihrem Bild? Beschreiben Sie es.**	2 **Wählen Sie eine Person/Situation aus und beschreiben Sie den Alltag.**	3 **Wählen Sie eine Person aus und schreiben Sie ihre Biografie.**
Wer ist auf dem Bild? Was machen die Personen? In welcher Situation sind sie?	Wo/Wie lebt sie? – Stadt, Dorf – allein, Familie, Freund, Kinder – Wohnung, Haus Wie ist ihr Tagesablauf? – Arbeit, Freizeit	– Schule, Ausbildung – Jobs, Arbeit – Talente, Hobbys – Familie, Freunde – Partnerschaft, Liebe, Ehe

3 **Termine**

1.2 **a Hören Sie. Zu welchem Foto passt der Dialog?**

b Hören Sie noch einmal und beantworten Sie die Fragen. Sprechen Sie.

Wer spricht? Was ist das Problem? Was ist die Lösung?

4 Das Wohnprojekt Meisenweg

a Was stellen Sie sich unter einem „Mehrgenerationenhaus“ vor? Notieren Sie.

⊙ 1.3 **b Hören Sie den Dialog und vergleichen Sie mit Ihren Notizen.**

c Lesen Sie den Text und beantworten Sie die Fragen.

1. Wie lange hat die Gruppe das Mehrgenerationenhaus geplant, bis es gebaut wurde?
2. Warum wollten die Holtmanns nicht in ihrer Altbauwohnung bleiben?
3. Welche Probleme gab es vor dem Bau?
4. Wie wurde das Finanzierungsproblem gelöst?
5. Was haben die neuen Bewohner gemeinsam geplant?
6. Wer lebt jetzt im Mehrgenerationenhaus?
7. Was ist wichtig für die Gemeinschaft im Wohnprojekt?

2006 hat alles begonnen. Im Frühjahr trifft sich eine kleine Gruppe um das Ehepaar Dagmar und Horst Holtmann, die über ein neues Wohnkonzept nachdenkt. Die Idee ist einfach: „Wir haben keine Kinder. Aber im Alter wollen wir nicht allein, sondern in einer lebendigen Nachbarschaft wohnen, mit mehreren Generationen sozusagen. Mit jungen Familien, Kindern und Alten. Gemeinsam, aber trotzdem individuell. Und am liebsten stadtnah und ökologisch“, erzählt Frau Holtmann. Und ihr Mann ergänzt: „Wir haben über 30 Jahre am Karlsplatz in einer schönen Altbauwohnung gelebt, aber alt werden wollten wir da nicht. Wir haben schon lange von einem Mehrgenerationenhaus geträumt.“

Das Mehrgenerationenhaus am Meisenweg – ein Wohnprojekt für Jung und Alt

Durch Anzeigen und viele Gespräche findet die Gruppe ein geeignetes Grundstück im Meisenweg. Die Planung für den Bau beginnt und das Projekt Mehrgenerationenhaus findet großes Interesse. Die neuen Bewohner können zwar ihre eigene Wohnung planen, müssen sie aber auch finanzieren. Das ist ohne ein sicheres Einkommen nicht möglich und besonders für junge Familien mit Kindern nicht einfach.

Aber auch dieses Problem wurde gelöst, durch die finanzstarken „Alten“! Sie haben mehr in die Gemeinschaftsräume investiert und zwei Jahre später konnte mit dem Bau begonnen werden. Jede einzelne Wohnung wurde genau nach den Wünschen ihrer Besitzer gestaltet.

Die gemeinschaftlichen Räume und Flächen wurden von allen mitgeplant: eine Werkstatt, ein Raum für Sport und Fitness, eine Sauna, ein Gemeinschaftsraum, eine Dachterrasse und natürlich ein Garten.

Eingezogen sind inzwischen insgesamt 29 Personen im Alter zwischen 5 und 69 Jahren, darunter Alleinstehende und Paare, Jugendliche und Kinder.

Bei der intensiven Planung haben sich die Bewohner und Bewohnerinnen sehr gut kennengelernt. Und jede Woche trifft sich die Gruppe zu ihren Beratungsabenden. Da geht es dann um die Gartengestaltung, Nebenkosten oder um die Parkplatznutzung.

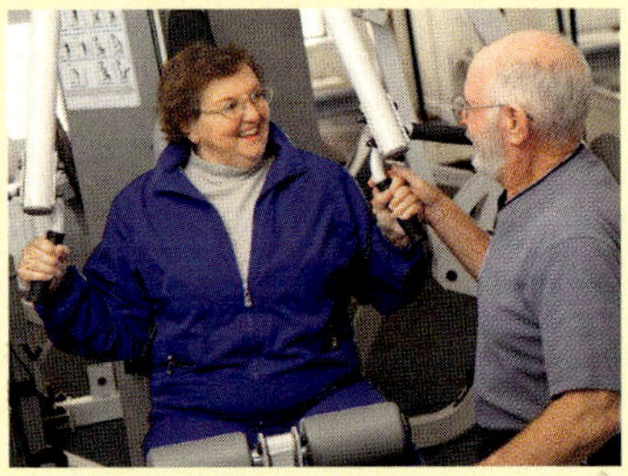

Treffpunkt Fitnessraum

Denn alle wissen: Das Wohnprojekt kann ohne das Engagement seiner Mitglieder und ohne gegenseitige Achtung und Hilfsbereitschaft nicht funktionieren. Dazu gehören auch Kompromisse. Manchmal muss man sich gegen die eigenen Wünsche entscheiden, weil einfach etwas anderes für die Gemeinschaft und das gemeinsame Projekt wichtiger ist.

d Würden Sie gerne in so einem Haus wohnen? Sprechen Sie über Vorteile und Nachteile.

Ein Vorteil vom Mehrgenerationenhaus ist …	Der Nachteil ist aber, dass die Bewohner …
Es spricht dafür, dass …	Es spricht dagegen, dass …
Für uns ist es ein Vorteil, wenn …	Für mich ist es ein Nachteil, wenn …
… ist ein großer Vorteil.	… kann aber ein Nachteil sein.

5 Präpositionen mit Akkusativ

a Markieren Sie diese Präpositionen im Text auf Seite 8: ***durch, für, gegen, ohne, um.***

> ... trifft sich eine kleine Gruppe um das Ehepaar Dagmar und Horst Holtmann, ...

Präpositionen mit Akkusativ

durch	viele Gespräche
für	die Gemeinschaft
gegen	die eigenen Wünsche
ohne	ein sicheres Einkommen
um	das Ehepaar Holtmann (herum)

b Ergänzen Sie die Sätze.

durch • für • gegen • gegen • ohne • um • um

1. Es gibt eine Gruppe ________ Dagmar und Horst Holtmann.
2. Die Holtmanns haben sich ________ ihre Altbauwohnung in der Stadt entschieden.
3. Manche Familien haben sich ________ das Projekt entschieden, weil es ________ sie zu teuer ist.
4. Einmal in der Woche sitzen wir ________ den großen, runden Tisch herum und diskutieren.
5. Das Wohnprojekt funktioniert ________ engagierte Mitglieder nicht.
6. ________ die regelmäßigen Treffen haben sich die Mitglieder gut kennengelernt.

6 Alt und Jung

Karlsruher Bündnis für Familie

Alt & Jung Hand in Hand

Kinderbetreuung durch Senioren

1.4 **a Frau Schmieder ist eine „Leihoma". Hören Sie zu und kreuzen Sie an: richtig oder falsch?**

	R	F
1. Die Tochter von Frau Schmieder lebt in Kanada.	☐	☐
2. Die „Leihenkel" sind 5 und 8 Jahre alt.	☐	☐
3. Frau Schmieder ist zweimal in der Woche bei der Familie.	☐	☐
4. Sie bekommt etwas Geld von der Familie.	☐	☐
5. Sie genießt besonders das Zusammensein mit den Kindern.	☐	☐
6. Für diese Tätigkeit braucht man keine besonderen Qualifikationen.	☐	☐

b Sprechen Sie im Kurs.

- Was ist eine Leihoma?
- Was glauben Sie: Welche Probleme kann es geben?
- Würden Sie einer Leihoma Ihre Kinder geben? Warum? Warum nicht?
- Was ist Ihrer Meinung nach für das Vertrauen zu einer Leihoma wichtig?

7 Telefongespräche

1.5–7 **a Lesen Sie die Anzeigen und hören Sie zu. Welches Gespräch passt zu welcher Anzeige? Eine Anzeige passt nicht.**

Ⓐ
Arbeiterwohlfahrt
AWO *Familienberatung*
Mo + Mi 16.00–18.00 • Di + Do 10.00–12.00
Termine nach Vereinbarung • Tel.: 1 25 49 87

Ⓑ
Das ErzählCafé
Jeden 1. Samstag im Monat
von 15.30–18.00 Uhr bei Kaffee und Kuchen

Themen von Januar bis April:

Januar: Waschtag in den 50er Jahren
Februar: Begegnung mit jungen und alten Menschen
März: Mein erster Schultag
April: Mein Poesiealbum / Mein Tagebuch

Ⓒ
Sprachtipp
Fremdsprachenkurse für Erwachsene
Italienisch, Französisch, Spanisch
Nachhilfe in allen Fächern
Grundschule / Sek. I (Kl. 5–10)
Ferienintensivkurse für Jugendliche
Hafenstraße 23 – Tel. 3 26 58 91

Ⓓ
Modellprojekt „Alt hilft Jung"
Senioren unterstützen Schüler und Schülerinnen beim Übergang ins Berufsleben.
➢ Hausaufgabenbetreuung
➢ Welcher Beruf passt zu mir?
➢ Hilfe bei Bewerbungen
➢ Bewerbungstraining
Kontakt: Martin Hellmich · montags + donnerstags 14–17 Uhr

Dialog	1	2	3
Anzeige	_____	_____	_____

b Hören Sie die Dialoge 1–3 noch einmal. Was möchten die Personen wissen? Ergänzen Sie Stichworte und formulieren Sie die Fragen.

Dialog 1	Dialog 2	Dialog 3
1. Platz für Englisch	1. Teilnahme/Schüler	…
2. Wie viel kostet …	2. Wie viele Senioren …	
3. Wann/stattfinden	3. Freunde mitbringen	
4. in den Ferien …	4. andere Themen …	

Dialog 1: 1. Gibt es einen Platz für Englisch?

c Formulieren Sie Fragen zu Anzeige C und spielen Sie dann einen Dialog.

Wer? Wo? Wann? Gibt es …? Kann ich …? Haben Sie auch …?

8 Wissen Sie, …

a Was möchten die Personen wissen? Ergänzen Sie mit den Fragen aus 7b.

direkte Frage	indirekte Frage		
Ja/Nein-Frage			
Gibt es Deutschkurse?	Ich möchte wissen,	ob es Deutschkurse	gibt.
Kann man bar zahlen?	Können Sie mir sagen,	ob man bar zahlen	kann?
W-Frage			
Wie viel kostet der Kurs?	Tom will wissen,	wie viel der Kurs	kostet.
Wie viele Personen sind da?	Wissen Sie,	wie viele Personen da	sind?

b Schreiben Sie Ihre Fragen aus 7c als indirekte Fragen.

Ich möchte mich erkundigen, …
Können Sie mir sagen, …?
Mich interessiert, …
Mein Mann möchte wissen, …
Meine Tochter interessiert, …

Ich möchte mich erkundigen, wann ich einen Termin haben kann.

9 Ein Informationsgespräch am Telefon

Üben Sie zu zweit: Sie interessieren sich für das Bewerbungstraining „Alt hilft Jung". Sie rufen Martin Hellmich an und möchten Informationen zu den Angeboten.

Sie	Martin Hellmich
	Gruß
Gruß Grund für den Anruf: Interesse an Bewerbungstraining Frage nach freien Plätzen	
	maximal noch vier Plätze frei
Frage nach Ort und Zeit	
	Kaiserstraße 99 Kursbeginn: 6. Oktober, 18 Uhr immer montags, 4 Mal
Frage nach Kursleiterin	
	Frau Sander, ehemalige Personalleiterin
Frage nach dem Preis	
	Kurs kostenlos / Materialkosten: 5 Euro
Dank und Verabschiedung	
	Verabschiedung

Projekt: Alt und Jung in Deutschland und in Ihrem Land
Sammeln Sie Bilder und Texte und machen Sie Wandzeitungen oder Präsentationen zum Thema.

- Welche Unterschiede fallen Ihnen auf: Aussehen, Kleidung, Verhalten …?
- Welche Vorurteile haben Jugendliche gegenüber Älteren?
- Welche Vorurteile haben Ältere gegenüber Jugendlichen?
- Wie können junge und alte Menschen voneinander profitieren?
- Wie ist das Verhältnis zwischen Jung und Alt?

10 **Schüler und Lehrer im EULE-Projekt**

a Sehen Sie die Bilder an und lesen Sie die Überschrift. Was können Senioren von Schülern lernen? Sammeln Sie im Kurs.

Sie können üben, wie man den Anrufbeantworter programmiert.

Sie können lernen, wie man eine SMS schreibt.

b Lesen Sie nun den Text schnell und notieren Sie fünf Stichworte.

Die „Jugend von heute" mal ganz anders

Schüler unterrichten Senioren: Das Projekt EULE fördert den Dialog zwischen den Generationen

— Mit 65 Jahren noch Englisch lernen? Oder im Internet surfen? Heutzutage kein Problem. Fast überall bieten Volkshochschulen oder spezielle Seniorenakademien diese Kurse an. Ein interessantes Projekt gibt es auch am Friedrich-Ebert-Gymnasium in Bonn. Dort unterrichten einmal in der Woche Schülerinnen und Schüler interessierte Seniorinnen und Senioren in verschiedenen Kursen: Sprachkurse, Computer und Internet, Theater, Fitness und vieles mehr.

— Der Name des Projekts EULE bedeutet: Erleben, Unterrichten, Lernen und Experimentieren.

— „Damit möchten wir einen lebendigen Austausch zwischen den Generationen unterstützen", erklärt die Schulleiterin. „Durch das Projekt können die Senioren ihr Alter aktiv gestalten, Kontakte zur Jugend knüpfen und – nicht zuletzt – neue Wissensgebiete erschließen. Unsere Schülerinnen und Schüler können durch EULE mit der älteren Generation ins Gespräch kommen und andere Lebensweisen kennenlernen. Teamfähigkeit, Selbstbewusstsein, Organisation – das lässt sich im Unterrichtsalltag niemals so vermitteln."

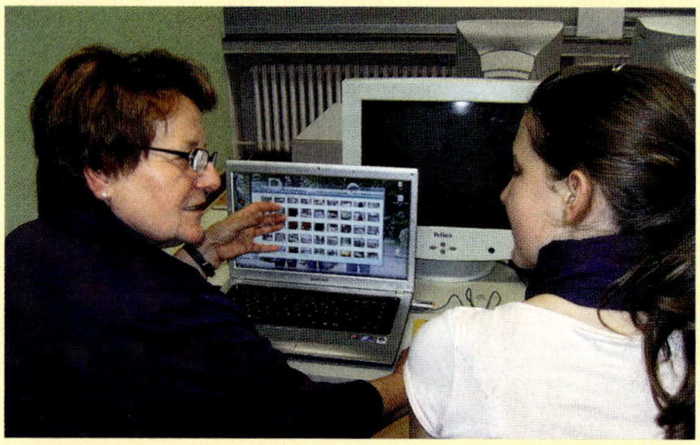

Ich bin überrascht, wie geduldig die jungen Leute mit uns sind.

Mir macht das Unterrichten viel Spaß und nebenbei verbessere ich mein Englisch.

Folgende Kurse bieten wir im Moment an:

Computer und Handy
Wie können Senioren mit Computer und Handy umgehen? Welchen Nutzen bringen diese Geräte? Möchten Sie auf Ihrem Notebook ein neues Programm installieren? Kommen Sie, wir helfen gern bei der Lösung Ihrer Probleme!

Konversationskurse in Englisch und Französisch
Haben Sie Lust, sich mal wieder zu unterhalten und dabei Ihre Sprachkenntnisse aufzufrischen? Wir unterhalten uns gern über aktuelle Themen und sind gespannt auf den Informationsaustausch und Ihre Interessen.

Kunst und Bildbearbeitung
Haben Sie Interesse, mal wieder zu zeichnen, zu malen und mit Farbe zu experimentieren? Oder haben Sie Fotos, die Sie gern bearbeiten oder individuell zusammenstellen möchten? Wir freuen uns auf Ihre Teilnahme!

Laien-Schauspiel
Möchten Sie einmal auf der Bühne stehen? Kommen Sie und machen Sie in unserer Schul-Theater-AG mit!

Bewegung
Übungen für Senioren – auch für Nicht-Sportler! Trainieren Sie Konzentration und Geschicklichkeit und erfahren Sie die Vielfalt der Möglichkeiten, fit zu bleiben.

c Lesen Sie den Text noch einmal und ergänzen Sie die Sätze.

1. Fast alle Volkshochschulen bieten …
2. Am Friedrich-Ebert-Gymnasium in Bonn gibt es …
3. Einmal in der Woche unterrichten Schüler …
4. Die Schulleiterin sagt: Wir möchten einen lebendigen Austausch …
5. Durch das Projekt können Senioren …
6. Die Schüler lernen …
7. Eine Seniorin sagt: Ich bin überrascht, …

d Welche Vorteile bietet das Projekt für die Schüler-Lehrer und die Senioren? Ordnen Sie die Sätze zu und ergänzen Sie weitere Vorteile.

- viel Spaß haben
- Kontakt zu älteren Menschen bekommen
- soziales Engagement lernen
- geistig fit bleiben
- kostenlosen Unterricht erhalten
- Vorurteile abbauen
- Kontakt zu Jugendlichen bekommen
- weniger Angst vor Fehlern haben
- neue Fähigkeiten an sich entdecken
- das Selbstbewusstsein stärken
- das, was man selbst gelernt hat, festigen
- mehr Verständnis für die Probleme von anderen entwickeln
- …

Vorteile für die Schüler-Lehrer	Vorteile für die Senioren
	Man bekommt Kontakt zu Jugendlichen.

e Überlegen Sie in Gruppen, was Sie älteren Menschen beibringen könnten. Machen Sie ein Kursangebot und stellen Sie es im Kurs vor.

Projekt: Deutschlerner unterrichten Deutschlerner

1. Bilden Sie Gruppen und wählen Sie ein Thema aus (Grammatik/Wortschatz/Aussprache …).
2. Überlegen Sie: Was sind die wichtigsten Regeln? Worauf muss man achten?
3. Suchen Sie einen Text / eine Aufgabe / ein Spiel … und machen Sie Übungen dazu.
4. Planen Sie Ihren Unterricht: Was machen Sie zuerst? Was machen Sie danach?
5. Unterrichten Sie in Kleingruppen.

Auf einen Blick

Im Alltag

1 Über Vorteile und Nachteile von etwas sprechen

Ein Vorteil ... ist, dass man ...
Es spricht dafür, dass ...
Für mich ist es ein Vorteil, wenn ...
... ist ein großer Vorteil!

Der Nachteil ist aber, dass ...
Es spricht dagegen, dass ...
Für mich ist es ein Nachteil, wenn ...
... kann aber ein Nachteil sein.

2 Informationen am Telefon erfragen

Informationen erfragen	**Auskünfte geben**
	sich melden AWO Heidelberg, Kanter.
Gruß + Einleitung Bresser, guten Morgen/Tag. Ich interessiere mich für Ihr Kursangebot. Ich möchte mich erkundigen, ob noch Plätze frei sind. Ich würde gerne wissen, wann der Kurs beginnt.	Auskunft erteilen Der Kurs XY beginnt am ... um ...
Nachfragen Können Sie mir sagen, wie viele Teilnehmer im Kurs sind? Mich interessiert noch, wie lange der Kurs dauert. Ich möchte noch gerne wissen, was der Kurs kostet.	Auskunft erteilen Im Kurs sind maximal 20 Teilnehmer. Es sind 30 Abende mit je 90 Minuten. Die Kursgebühr ist ...
Um Wiederholung bitten Können Sie mir noch einmal sagen, ob ...? Ich habe noch nicht verstanden, wo ... Könnten Sie bitte wiederholen, wann ...?	
Dank + Verabschiedung Vielen Dank. Auf Wiederhören.	Verabschiedung Nichts zu danken. Auf Wiederhören.

3 Fragen höflich formulieren

Im Alltag EXTRA ▶ S. 124

Können Sie mir sagen, ob/wie/wann ...?
Wissen Sie, ob/wie/wann ...?
Tom will wissen, ob/wie/wann ...

Ich wollte fragen, ob/wie/wann ...
Ich würde gerne wissen, ob/wie/wann ...
Ich wollte mich informieren, ob/wie/wann ...

Grammatik

1 Präpositionen mit Akkusativ (Zusammenfassung)

durch	**Durch unser** Gespräch ist mir das Problem klar geworden. Wenn wir zum Markt laufen, gehen wir immer **durch den** Park.
für	Wir sammeln Geld **für die** neue Sporthalle. Das Projekt ist **für** jung**e** Familien nicht einfach zu finanzieren.
gegen	Manchmal muss man sich **gegen den** eigene**n** Wunsch entscheiden. Ein gemeinsames Wohnprojekt hilft **gegen die** Einsamkeit im Alter.
ohne	**Ohne den** Einsatz von unseren Schülern funktioniert das Projekt nicht. Die Kosten sind **ohne ein** sicher**es** Einkommen zu hoch.
um	Es gibt eine Gruppe **um das** Ehepaar Holtmann. Wir setzen uns **um den** runde**n** Tisch (herum).
bis	**Bis** nächste**n** Samstag musst du mit der Arbeit fertig sein.

2 Indirekter Fragesatz

Indirekte Fragesätze sind Nebensätze.

Mein Mann möchte wissen,	**ob**	der Kurs auch in den Ferien	(stattfindet).
Ich möchte wissen,	**wann**	der Kurs	(beginnt).

3 Direkte Fragen und indirekte Fragen

direkte Frage	indirekte Frage		
Ja/Nein-Frage			
(Gibt) es einen Platz?	Ich möchte wissen,	**ob** es einen Platz	(gibt).
(Können) Schüler (kommen)?	Wissen Sie,	**ob** Schüler (kommen)	(können)?
W-Frage			
Wie viel (kostet) der Kurs?	Tom will wissen,	**wie viel** der Kurs	(kostet).
Wie viele Personen (sind) da?	Können Sie mir sagen,	**wie viele** Personen da	(sind)?

26 Was kann ich für Sie tun?

Lernziele

- ein Zimmer reservieren
- sich beschweren
- vergleichen und loben
- sich telefonisch bewerben
- einen Reiseprospekt verstehen

1 Im Hotel

a Ordnen Sie die Wörter und Ausdrücke den Fotos zu.

im Hotel einchecken   Reparatur   Gäste empfangen   Empfang   das Formular ausfüllen   Zimmerservice   die Rechnung bezahlen   Reinigung   Barzahlung   das Frühstück machen   telefonieren   das Essen zubereiten   ein Zimmer reservieren   sich über das Zimmer beschweren

b Berufe im Hotel – Ordnen Sie die Tätigkeiten den Berufen zu.

Koch/Köchin, Küchenhilfe   Kellner/in   Rezeptionist/in   Zimmermädchen   Hotelkaufmann/-frau   Hausmeister/in   Portier

aufräumen • abwaschen • Gäste bedienen • ein Taxi bestellen • Lampen reparieren • kochen • die Speisekarte festlegen • Gemüse schneiden • Gäste begrüßen • Lebensmittel einkaufen • staubsaugen • Einnahmen/Ausgaben kontrollieren • das Menü planen • die Rechnungen schreiben • putzen • die Buchhaltung machen • Koffer tragen

Das Zimmermädchen räumt auf.

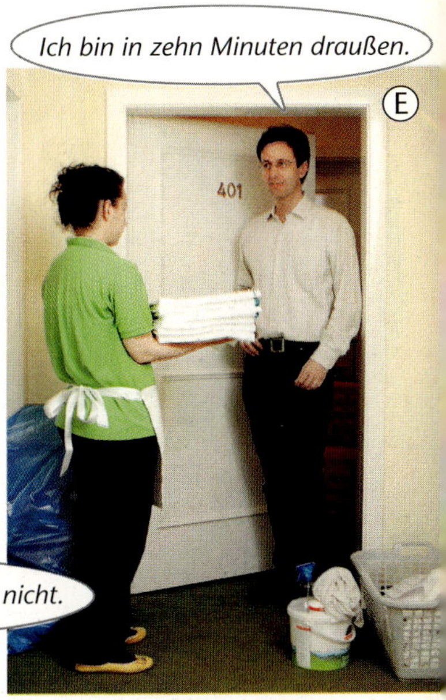

1.8–11 **c Hören Sie vier Dialoge. Zu welchen Fotos passen sie?**

Dialog	1	2	3	4
Foto	____	____	____	____

d Hören Sie noch einmal. Was haben Sie gehört? Markieren Sie.

1. Das Doppelzimmer kostet **mit/ohne Frühstück** 79 €.
2. Das Taxi kommt **sofort / in fünf Minuten**.
3. Das Zimmermädchen kann **gleich / erst in 10 Minuten** das Zimmer aufräumen.
4. Herr Bräuer bestellt **im Restaurant / in der Küche** sein Essen.

2 An der Rezeption

a Ein Einzelzimmer bitte ... – Spielen Sie Dialoge.

Sie wünschen bitte? Was kann ich für Sie tun? Bitte sehr?	Haben Sie ein Zimmer frei? / Ich suche ein ... Ich möchte / hätte gern ein Einzel-/Doppelzimmer mit Bad/Dusche. Ich möchte gern ein ... mit ... reservieren. Hat das Zimmer Internetanschluss / eine Minibar / ...? Ist das Frühstück inklusive? Wir brauchen ein Zimmer mit Kinderbett/Extrabett. Kann man bei Ihnen parken? / Wo kann man in der Nähe parken? Was kostet das?

Guten Tag, was kann ich für Sie tun?

Ich möchte gern ein Einzelzimmer mit Balkon.

1.12

b Hören Sie den Dialog. Markieren Sie.

1. Sie hören ein Gespräch zwischen zwei Kollegen. — Richtig / Falsch
2. Was möchte Herr Henning?
   - a Er möchte ein Zimmer reservieren.
   - b Er möchte sein Zimmer bezahlen.
   - c Er möchte in das Hotel einchecken.
3. Der Rezeptionist findet die Reservierung nicht. — Richtig / Falsch
4. Worum bittet er Herrn Henning?
   - a Um die Reservierung.
   - b Um die Adresse von der Firma.
   - c Um den schriftlichen Auftrag.
5. Herr Henning bekommt ein Einzelzimmer. — Richtig / Falsch
6. Was hat die Firma reserviert?
   - a Zwei Einzelzimmer.
   - b Zwei Doppelzimmer.
   - c Ein Einzelzimmer.

c Die n-Deklination – Markieren Sie die Endungen der *kursiv* gedruckten Wörter.

1. Der Rezeptionist fragt *Herrn* Henning nach dem Namen.
2. Der Rezeptionist bittet seinen *Kollegen* um Hilfe.
3. Herr Petersen ist bei einem *Kunden*.
4. Der Gast bittet den *Rezeptionisten* um ein ruhiges Zimmer.
5. Das Hotel sucht einen *Praktikanten*.

Einige maskuline Bezeichnungen für Personen/Tiere haben die n-Deklination:

Nominativ	der Kunde
Akkusativ	den Kunde**n**
Dativ	dem Kunde**n**

d n-Deklination oder nicht? Ergänzen Sie die Sätze mit den Nomen.

der Tourist • der Kunde • der Praktikant • das Personal • Herr Henning • die Mitarbeiterin • der Kollege • der Rezeptionist • die Verwaltung • das Zimmermädchen • der Elefant • der Löwe

Hier ist der Schlüssel für …
Ich habe ein Problem mit …
Haben Sie ein Zimmer für …?
Diese E-Mail ist für …
Telefonieren Sie bitte mit …
Ich suche …

3 Ich habe ein Problem …

a Sehen Sie die Bilder an. Welches Problem haben die Gäste vielleicht?

A

B

C

D

1.13 **b Sie hören vier Dialoge. Schreiben Sie die Dialognummern zu den Bildern.**

c Servicepersonal und Kundschaft – Lesen Sie die Sätze. Wer sagt was? Notieren Sie S (Service) oder K (Kunde).

1. ___ Entschuldigung, ich habe da ein Problem …
2. ___ Oh, das tut mir leid.
3. ___ Wir sind unzufrieden mit …
4. ___ Natürlich, wir kümmern uns sofort darum.
5. ___ Entschuldigung, wir überprüfen das.
6. ___ Augenblick, ich schicke sofort jemanden.
7. ___ Ich möchte mich über … beschweren.
8. ___ Verzeihung, das ist uns sehr peinlich.

d A ist Gast, B ist Mitarbeiter/in im Hotel. Spielen Sie Dialoge zu den Situationen 1–5.

1. Sie wollten ein ruhiges Zimmer haben, aber Ihr Zimmer liegt direkt an der Hauptverkehrsstraße.
2. Sie sitzen im Hotelrestaurant und warten schon seit über einer halben Stunde auf Ihr Essen.
3. Sie haben gestern eine Hose in die Reinigung gegeben. Sie sollte nach zwei Stunden wieder in Ihrem Zimmer sein, ist aber immer noch nicht da.
4. Sie rufen seit 15 Minuten immer wieder die Rezeption an. Dort ist aber dauernd besetzt.
5. Sie sind vor einer Stunde im Hotel angekommen. Man wollte Ihr Gepäck aufs Zimmer bringen. Es ist aber immer noch nicht da.

4 Jobs im Hotel

a Lesen Sie 1–5 und die Anzeigen. Welche Anzeige passt zu welcher Person? Für eine Person gibt es keine Lösung.

① 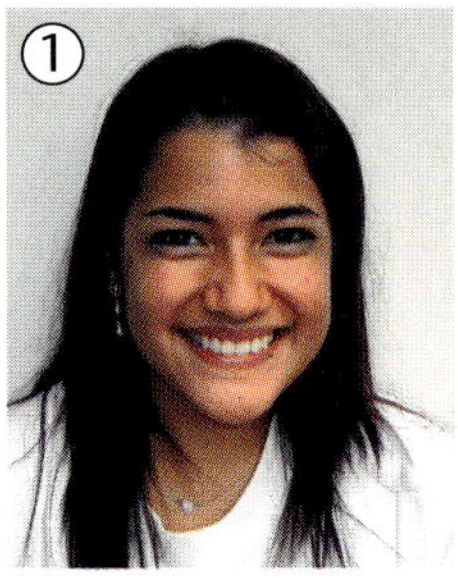

Tessa Lowics (16) ist mit der Schule fertig und sucht einen Ausbildungsplatz in der Hotelbranche.

② 

Markus Reiter (29) hat Erfahrung als Kellner und möchte in der Schweiz leben.

③ 

Anna Buko (22) studiert Tourismusmanagement und möchte ein Praktikum machen.

④ 

Dora Domke (42) sucht einen Zweitjob und würde gern ein paar Stunden pro Woche putzen gehen.

⑤ 

Abdul Rahman Al-Saud (21) hat gerade seine Lehre als Koch beendet und sucht einen festen Job.

Ⓐ

Sie wollten schon immer auf einer Insel arbeiten? Hier ist Ihre Chance ...

Wir suchen für unsere Hotel- und Appartementanlage mit 108 Hotelzimmern und Appartements auf der Nordseeinsel Langeoog eine/n

Jungkoch/-köchin Vollzeit – unbefristet.

Sie haben Ihre Ausbildung erfolgreich abgeschlossen und möchten sich neu orientieren? Dann schicken Sie Ihre aussagekräftigen Bewerbungsunterlagen mit Lichtbild und Gehaltsvorstellungen an:

Hotel Goldenes Schiff
Friesenstraße 10, 26454 Langeoog, Deutschland.

Ⓑ

Unser Team sucht eine Dame oder einen Herrn als

Auszubildende/r Hotelfachmann/-frau
mit Ausbildungsbeginn am 01. September.

Sie sehen in der Hotellerie Ihre Berufung und suchen einen Ausbildungsplatz? Während einer dreijährigen Ausbildung bildet unser Team Sie zu einem Profi in diesem Gebiet aus!

Zögern Sie nicht und bewerben Sie sich als Auszubildende/r!

Senden Sie Ihre aussagekräftige Bewerbung an:
Leonardo-Hotel, Magdeburger Str. 1a, 01067 Dresden

Ⓒ

Harz – Bike
Biker Hotel
Musik Kneipe

Zur Verstärkung unseres Teams suchen wir zum **nächstmöglichen** Termin

eine Zimmerfrau / ein Zimmermädchen

in Voll- oder Teilzeit. Wir wünschen uns eine Mitarbeiterin, die mit Freude und Engagement an die Arbeit geht.

Ihr Profil: Sie verfügen über Erfahrungen in der Zimmerreinigung und gewährleisten die Umsetzung unserer Standards. Eine Ausbildung ist nicht unbedingt notwendig.

Bitte schicken Sie Ihre Bewerbungen mit möglichem Eintrittstermin an:
Harz-Bike, Dietrichstal 7, 37431 Bad Lauterberg · Ansprechpartnerin: Frau Linda Meisen

Ⓓ

Für unser Service-Team suchen wir sofort oder nach Vereinbarung

eine/n Restaurantfachangestellte/n. AMADA

Sie haben eine einschlägige Ausbildung absolviert und möchten nun berufliche Erfahrungen bei uns in der Schweiz im Hotelrestaurant Filou im **Spätdienst-Team** sammeln? **Wir bieten** Ihnen meistens durchgehende Schichten an einem attraktiven Arbeitsplatz in einem jungen und dynamischen Umfeld an.
Fühlen Sie sich angesprochen? Wir freuen uns sehr auf Ihre Bewerbung per Post an:

Basel Hotel & Conference Center,
Messeplatz 12, 4058 Basel, Schweiz, Telefon: +41 (0) 61 / 5 60 40 00.

Ⓔ

Sind Sie anspruchsvoll und hoch motiviert für eine neue Herausforderung auf der wunderschönen Insel Sylt?

Wir suchen ab sofort eine/n Buchhalter/in.

Sie haben eine erfolgreich abgeschlossene kaufmännische Ausbildung mit dem Schwerpunkt Buchhaltung und verfügen über sehr gute MS-Office-Kenntnisse. Sie arbeiten genau, zuverlässig und gerne im Team? Dann sind Sie bei uns richtig.

Schicken Sie Ihre Bewerbung an:

Hotel Mirasylt

Hotel Mirasylt, Friedrichstr. 43, 25980 Westerland-Sylt

b Informationen beschaffen – Was möchten Sie noch wissen? Suchen Sie sich zwei Anzeigen aus und schreiben Sie Fragen.

Wie viele Stunden muss man arbeiten? Von wann bis …?

5 Ein Telefongespräch

1.14 **a Hören Sie zu. Zu welcher Anzeige von Aufgabe 4a passt das Gespräch?**

b Hören Sie noch einmal. Entscheiden Sie beim Hören, ob die Aussagen richtig oder falsch sind.

		R	F
1.	Alma hat eine Ausbildung als Restaurantfachfrau.	☐	☐
2.	Sie hat schon mehrere Jahre Berufserfahrung.	☐	☐
3.	Das Hotel sucht eine Vollzeitkraft.	☐	☐
4.	Das Restaurant hat die ganze Woche offen.	☐	☐
5.	Das Restaurant ist nur manchmal auch mittags geöffnet.	☐	☐
6.	Die Arbeitszeiten sind am Wochenende anders als werktags.	☐	☐
7.	Bei Überstunden bekommt man mehr Geld.	☐	☐
8.	Das Grundgehalt ist am Anfang 2000 Euro.	☐	☐
9.	Die Chefin lädt Alma zum Vorstellungsgespräch ein.	☐	☐
10.	Alma fährt an diesem Wochenende zum Vorstellungsgespräch.	☐	☐

c Lesen Sie 1–10: Wer fragt was? Notieren Sie A für Arbeitgeber/in und B für Bewerber/in.

1. ___ Warum bewerben Sie sich gerade bei uns?
2. ___ Ab wann ist die Stelle frei?
3. ___ Wie stellen Sie sich die Arbeit bei uns vor?
4. ___ Als was haben Sie früher gearbeitet?
5. ___ Kann ich auch Teilzeit arbeiten?
6. ___ Was haben Sie für eine Ausbildung?
7. ___ Wo ist mein Einsatzort?
8. ___ Wie sind die Arbeitszeiten im Schichtdienst?
9. ___ Haben Sie Fremdsprachenkenntnisse?
10. ___ Muss ich auch am Wochenende arbeiten?

d Spielen Sie zu zweit ein Telefongespräch. Benutzen Sie die Redemittel.

offene Fragen klären	Nichtverstehen signalisieren	um Wiederholung bitten
Haben Sie noch Fragen? Gibt es noch ein Problem? Ist so weit alles klar?	Wie war das, bitte? Ich glaube, ich habe das nicht ganz verstanden. Entschuldigung, ich habe das nicht genau verstanden.	Würden Sie das bitte noch einmal wiederholen? Könnten Sie bitte wiederholen, was Sie über … gesagt haben? Habe ich Sie richtig verstanden, Sie …?

6 Ein Winterwochenende

a „Winterurlaub" – Woran denken Sie dabei?

b Lesen Sie das Reiseangebot. Welche Region wird vorgestellt und welche Attraktionen werden angeboten?

Auf die sanfte Tour den Winter genießen

Die kältesten Tage des Jahres sind die schönsten. Deshalb sollte man sie nicht in den eigenen vier Wänden verbringen. Jetzt ist es Zeit, durchzuatmen und neue Kräfte zu sammeln. Das bedeutet Sportgenuss und Naturerlebnis im meterhohen Schnee. Diese beiden Seiten des Winters können Sie in Garmisch-Partenkirchen erleben. Hier am Fuß von Zugspitze und Alpspitze können Naturliebhaber als Wochenendtouristen die sportlichste Jahreszeit von ihrer romantischsten Seite erleben und so dem Alltagsstress entkommen. Für jeden ist an einem Winterwochenende in Garmisch etwas dabei.

Das beliebteste Erlebnis für alle Generationen ist die märchenhafte Schlittenfahrt. Langsam und in vollkommener Ruhe zieht die schneebedeckte Landschaft des Wettersteingebirges an den Fahrgästen vorbei. Warm eingepackt unter dicken Decken genießen sie die klare Winterluft und erholen sich vom Alltag.

Die traumhafte Winterwelt kann man aber auch aktiv als Schneeschuhwanderer kennenlernen. Schneeschuhwandern – für viele die angenehmste Wintersportart überhaupt – ist ein echter Hit bei Alt und Jung. Gerade Familien finden in unserem großen Netz von Wanderwegen viele abwechslungsreiche Touren mit den unterschiedlichsten Schwierigkeitsgraden.

Überhaupt bietet Garmisch-Partenkirchen Familien eine Reihe erlebnisreicher Alternativen. So finden Kinder die Schlittenpartys besonders spannend. Eine wunderbare Naturerfahrung für alle Großstadtkinder sind die Wildfütterungen nahe der Almhütte. Während der kalten Tage kommen die Tiere, die sonst nur tief in den Wäldern versteckt leben, ins Tal und können bei der Fütterung ganz aus der Nähe beobachtet werden.

Wer den Winter von seiner schönsten Seite erleben möchte, für den ist Garmisch ein Muss!

Unsere unzufriedensten Gäste sind die, die uns nicht besucht haben!

c Lesen Sie das Reiseangebot noch einmal und kreuzen Sie an: richtig oder falsch?

	R	F
1. Die kältesten Tage im Jahr sollte man zu Hause verbringen.	☐	☐
2. In Garmisch-Partenkirchen kann man die Natur erleben und Sport treiben.	☐	☐
3. Die Schlittenfahrt gefällt allen Touristen sehr.	☐	☐
4. Das Schneeschuhwandern ist besonders bei den Jüngeren sehr beliebt.	☐	☐
5. Für Kinder sind die Schlittenpartys sehr interessant.	☐	☐
6. Im Winter kann man die Tiere selbst füttern.	☐	☐

d Welche Aktivitäten gefallen Ihnen im Winter besonders?

7 Die schönste Zeit …

a Markieren Sie im Text die Superlativformen. Machen Sie eine Tabelle wie im Beispiel.

Grundform	Komparativ	Superlativ
der kalte Tag	der kältere Tag	der kälteste Tag

b Loben Sie! – Was hat Ihnen am besten gefallen? Ergänzen Sie die Sätze.

1. Das ist der __________ (freundlich) Service, den ich bisher erlebt habe.
2. Das ist die __________ (schön) Landschaft, die ich bisher gesehen habe.
3. Das ist das __________ (sauber) Hotel, das ich bisher hatte.
4. Das ist die __________ (gut) Suppe, die ich bisher gegessen habe.
5. Das ist der __________ (stark) Kaffee, den ich bisher getrunken habe.
6. Das ist das __________ (nett) Personal, das ich bisher kennengelernt habe.

c Wo verbringen Sie Ihren Urlaub am liebsten?

*Wo verbringst du deinen Urlaub **am liebsten**?*

*Ich fahre sehr gern in die Alpen. Dort ist es **am schönsten**.*

Ich fahre sehr gern nach / in die / ans …
Ich bin **am liebsten** in/an …
Mir gefällt es **am besten** in/an …

8 Reiseland Deutschland

a Beantworten Sie die Fragen. Raten Sie.

Trier • Rhein • Bodensee • Zugspitze • Rügen • 40,3° C • 2962 m • 930 km² • 571,2 km² • 1233 km • über 2000 Jahre • Kap Arkona (Rügen) • –37,8° C

1. Wie heißt der höchste Berg Deutschlands?
2. Wie heißt der längste Fluss Deutschlands?
3. Wie heißt der größte See Deutschlands?
4. Was war bisher die niedrigste Temperatur in Deutschland?
5. Was war bisher die höchste Temperatur in Deutschland?
6. Wie heißt die größte Insel Deutschlands?
7. Welche Stadt ist die älteste Deutschlands?
8. Wo scheint in Deutschland die Sonne am längsten?

Der höchste Berg heißt … Er ist … hoch.

Ostseebad Sellin auf der Insel Rügen

Das römische Stadttor „Porta Nigra" in Trier

b Notieren Sie Fragen für Ihr Heimatland. Stellen Sie die Fragen im Kurs.

Projekt: Werbung für Reisen
Wählen Sie 1 oder 2.

www

1. Reisen in Deutschland: Arbeiten Sie in Gruppen. Sammeln Sie Prospekte und machen Sie Collagen oder „Informationsbroschüren" zu Ihrer Stadt oder Ihrer Lieblingsstadt in Deutschland. Recherchieren Sie im Internet unter: www.*stadtname*.de
2. Ihr Land: Stellen Sie Ihr Land Touristen aus Deutschland vor.

Auf einen Blick

Im Alltag

1 Ein Zimmer reservieren und bezahlen

Gast	Rezeptionist/in
Ich möchte gern ein Zimmer reservieren.	Ein Doppelzimmer oder ein Einzelzimmer?
Ich möchte etwas zum Essen bestellen.	Ich verbinde Sie mit der Küche.
Ist das Frühstück inklusive?	Nein, das Frühstücksbüfett kostet 15 € extra.
	Was kann ich für Sie tun?
Ich reise ab und möchte bezahlen.	Bar oder mit Kreditkarte?
Ich zahle mit Kreditkarte.	Hier ist Ihre Rechnung.

2 Sich beschweren/entschuldigen – Probleme lösen

Gast	Angestellte/r
Die Dusche funktioniert nicht / ist kalt.	Der Hausmeister kümmert sich sofort darum.
Der Fernseher geht nicht.	
Das Zimmer ist zu laut.	Ich kann Ihnen eins nach hinten anbieten.
	Ich kann Ihnen heute leider kein anderes anbieten.
In meinem Zimmer riecht es nach Rauch.	Wir haben noch ein Nichtraucherzimmer frei.
Ich glaube, das Bad ist nicht geputzt.	Ich schicke Ihnen gleich den Zimmerservice.

3 Vergleichen und loben

Die schönste deutsche Stadt ist für mich Quedlinburg.
Am besten gefällt mir der Norden von Deutschland.
Das ist der beste Service, den ich bisher erlebt habe.
Das ist das schönste Hotel, das ich kenne.
Ich gehe am liebsten im Sommer in Urlaub.
Die Ostseestrände finde ich am schönsten.

Das kennen Sie schon:
Was gefällt euch besser: Hamburg oder Berlin?
Mir gefällt Hamburg **besser als** Berlin.
Mir gefällt Hamburg **genauso** gut **wie** Berlin.
Hamburg gefällt mir auch, aber **nicht so** sehr **wie** Berlin.

Im Alltag EXTRA ▶ S. 126

Quedlinburg

Grammatik

1 Maskuline Nomen: n-Deklination

	Singular		Plural	
Nominativ	der Mensch	der Junge	die Menschen	die Jungen
Akkusativ	den Mensch**en**	den Junge**n**	die Menschen	die Jungen
Dativ	dem Mensch**en**	dem Junge**n**	den Menschen	den Jungen

Zur n-Deklination gehören …

einige maskuline Nomen auf *-e*:
Schwede, Russe, Junge, Name, Gedanke …

maskuline internationale Wörter:
-ist: Polizist, Optimist …
-ent: Student, Patient …
-ant: Elefant, Konsonant …
-at: Soldat, Demokrat …

einige andere maskuline Nomen (vor allem Personen und Tiere):
Mensch, Herr, Nachbar, Bär …

TIPP Die Nomenendung *-(e)n* ist nicht immer Plural. Der Kontext hilft.

2 Komparation: regelmäßige Formen

Grundform	Komparativ	*am* + Superlativ	Artikel + Superlativ
schön	schön**er**	**am** schön**sten**	der/das/die schön**ste** …

Ohne Substantiv:	Die Stadt Bamberg ist **am** schön**sten**.	**am** + Adjektiv + **sten**
Mit Substantiv:	Die schön**ste** Stadt Deutschlands ist Bamberg.	Adjektiv + **st** + Adjektivendung

3 Komparation: unregelmäßige Formen

Grundform	Komparativ	Superlativ
gut	**besser**	am **besten**
gern	**lieber**	am **liebsten**
viel	**mehr**	am **meisten**
teuer	teu**rer**	am teuersten
dunkel	dunk**ler**	am dunkelsten
hoch	hö**h**er	am höchsten
kalt	kälter	am kält**e**sten*

* Endet ein Adjektiv in der Grundform auf *-d, -s, -sch, -ß, -t, -x, -z* bildet man den Superlativ mit *-est-*.

4 Deklination: Artikel + Superlativ + Adjektivendung

Singular

Nominativ	der kälteste Tag	das schönste Erlebnis	die leichteste Sportart
Akkusativ	den kältest**en** Tag	das schönste Erlebnis	die leichteste Sportart
Dativ	dem kältest**en** Tag	dem schönst**en** Erlebnis	der leichtest**en** Sportart

Plural

Nominativ	die kältest**en** Tage	die schönst**en** Erlebnisse	die leichtest**en** Sportarten
Akkusativ	die kältest**en** Tage	die schönst**en** Erlebnisse	die leichtest**en** Sportarten
Dativ	den kältest**en** Tagen	den schönst**en** Erlebnissen	den leichtest**en** Sportarten

27 Man ist, was man isst

Lernziele

- über Essgewohnheiten sprechen
- Tipps für gesunde Ernährung verstehen
- im Restaurant bestellen und bezahlen
- Ratschläge geben

1 Meinungen zum Thema „Essen“

a Welches Foto passt zu Ihren Gewohnheiten? Erzählen Sie.

b Lesen Sie die Texte 1–4. Was ist Ihre Meinung? Sammeln Sie im Kurs.

Ich finde nicht richtig, was Teresa sagt. Ich kenne viele Leute, die ihr Essen genießen …

Frau Frisch hat recht. Ich habe eigentlich keine Zeit, aber ich mache trotzdem eine Pause …

Essen und Kochen ist Erholung? So ein Blödsinn! Wenn ich von der Arbeit komme, sind die Kinder hungrig …

c Was essen Sie oft und gern? Schreiben Sie.

① Ich finde, man kann in Österreich gut leben und ich fühle mich sehr wohl. Aber das Essen! Ich verstehe nicht, warum die Leute dieses langweilige Essen mögen. Kein Geschmack, keine Schärfe, nichts! Das macht mich krank. Richtiges Essen muss doch scharf sein. Wenn man gesund bleiben will, muss man scharf essen. Das ist gut für den Körper. Scharfes Essen gibt mir die Energie, die ich zum Leben brauche.
(Anthony Chukwuma Ogoke, Student aus Nigeria)

② Essen ist mein Hobby, eigentlich noch mehr das Kochen. Ich mache das sehr gern, wenn ich Zeit habe. Und dann genieße ich mit meiner Freundin das gute Essen. Das ist für mich eine Erholung nach der Arbeit.
(Christian Lohmann, Angestellter aus Deutschland)

③ Die Menschen nehmen sich kaum noch richtig Zeit für das Essen. Alles muss sehr schnell gehen. Das erklärt den Erfolg von Fast Food. Fast Food enthält aber viel Fett, viele Kalorien und wenige Vitamine. Es ist eine der Ursachen für Übergewicht und gesundheitliche Probleme.
(Carmen Frisch, Ernährungsberaterin aus der Schweiz)

④ Ich verstehe die Leute in Deutschland nicht: Sie reden beim Essen immer von Problemen. „Das schmeckt gut, aber es macht dick! Das mag ich gern, aber es ist ungesund! Ich würde noch gern ein Glas Wein trinken, aber ich muss noch arbeiten!" Warum können sie das Essen nicht einfach genießen? Meine deutschen Freunde sagen immer „aber, aber, aber".
(Teresa Landivar, Krankenschwester aus Bolivien)

2 Sprichwörter

Kennen Sie Sprichwörter zum Thema „Essen" in Ihrer Sprache? Notieren Sie sie auf Deutsch. Sammeln Sie im Kurs.

Człowiek je żeby żyć, a nie żyje aby jeść.
Man isst, um zu leben, man lebt nicht, um zu essen.
Polnisches Sprichwort

Fuq stonku vojt, il-moħħ ma jaħsibx.
Wenn der Bauch leer ist, kann der Kopf nicht denken.
Maltesisches Sprichwort

Los niños y los borrachos siempre dicen la verdad.
Kinder und Betrunkene sagen immer die Wahrheit.
Spanisches Sprichwort

Aç ayi oynamaz.
Der hungrige Bär tanzt nicht.
Türkisches Sprichwort

Liebe geht durch den Magen.
Deutsches Sprichwort

3 Gesunde Ernährung – Ernährungspyramide

a Wie oft soll man was essen oder trinken? Ordnen Sie die Nahrungsmittel der Pyramide zu.

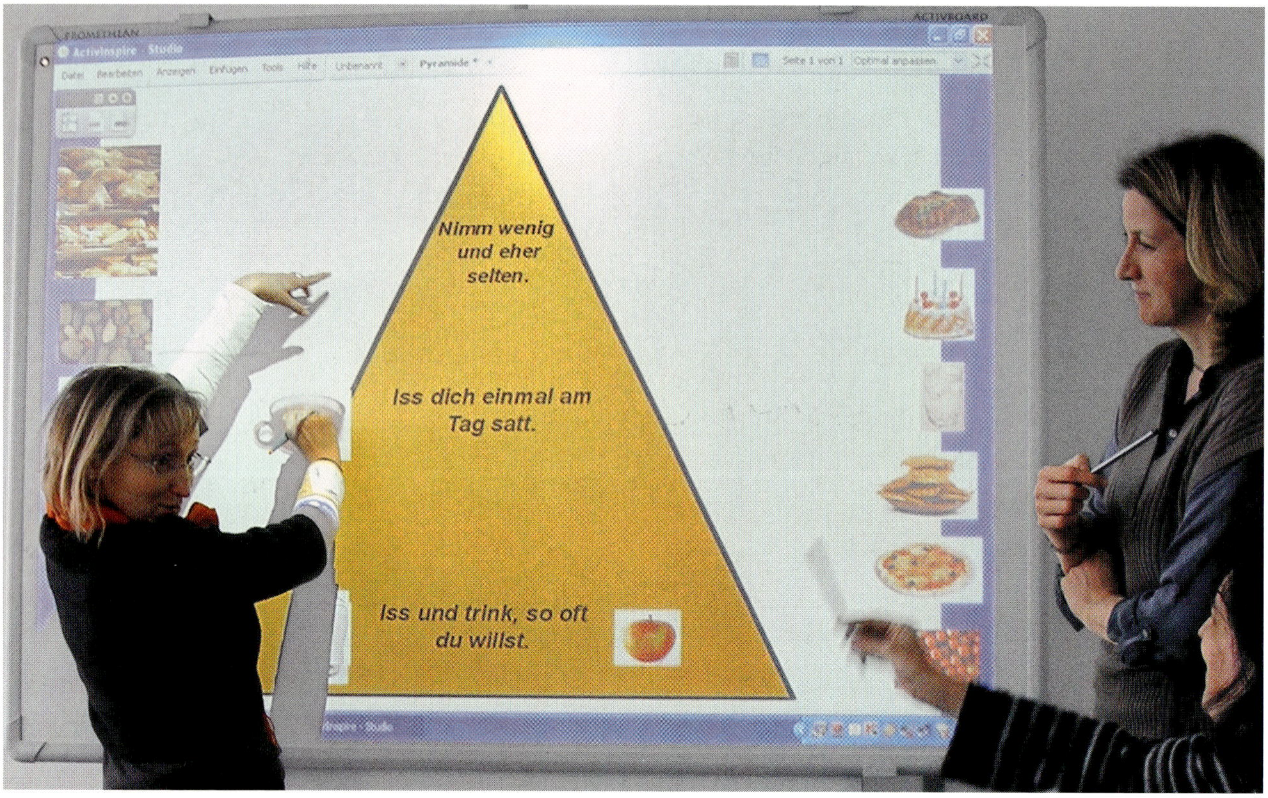

alkoholische Getränke • Brot • Fett • Fisch • Fleisch • Geflügel • Gemüse • Getreideprodukte • Gewürze • Kaffee • Kartoffeln • Käse • Limonade • Milch • Nudeln • Nüsse • Obst • Öl • Quark • Reis • Saft • Süßigkeiten • Tee • Vollkornbrot • Vollkornnudeln • Wasser • Joghurt • Zucker

1.15 **b Interview mit einer Ernährungsberaterin – Hören Sie zu und kreuzen Sie an.**

	R	F
1. Viele Leute denken über ihre Essgewohnheiten nach.	☐	☐
2. Wenn man viel Wasser, Tee und Fruchtsäfte trinkt, hat man nicht so viel Hunger.	☐	☐
3. Ein erwachsener Mensch soll 2–3 Liter Flüssigkeit pro Tag trinken.	☐	☐
4. Alkohol ist immer ein Gift für den Körper, darum sollte man keinen Alkohol trinken.	☐	☐
5. Wenn man Süßigkeiten, Kuchen und Eis isst, fühlt man sich nur kurze Zeit gut.	☐	☐
6. Die Menschen nehmen doppelt so viel Fett zu sich, wie ihnen guttut.	☐	☐
7. In Käse, Wurst und Fleisch ist auch viel Fett enthalten.	☐	☐
8. Reis, Kartoffeln und Nudeln sind gut für den Körper.	☐	☐
9. Milchprodukte kann man den ganzen Tag essen, so viel man will.	☐	☐
10. Obst und Gemüse soll man immer wieder auch zwischendurch essen.	☐	☐

c Was denken Sie? Wo stimmen Sie der Ernährungsberaterin zu? Wo nicht?

Ich kann nicht so viel trinken. Ich habe keinen Durst!

Ich benutze viel Öl, Olivenöl. Bei uns in Italien machen das alle und sind gesund.

4 Gesund leben

a Tipps zum gesunden Essen – Markieren Sie die Verben mit zwei Farben.

1. Versuchen Sie, viel frisches Obst zu essen.
2. Beginnen Sie an Ihrem Arbeitsplatz viel Wasser zu trinken.
3. Denken Sie daran, vor dem Essen viel zu trinken.
4. Vergessen Sie nie, Gemüse einzukaufen.
5. Entschließen Sie sich, wenig Fleisch zu essen.
6. Fangen Sie an, langsam zu essen!

b Was soll man tun? Schreiben Sie.

1. Man soll viel frisches Obst essen.

c Meinungen – Schreiben Sie fünf Aussagen.

Ich habe (keine) Zeit, …
Ich habe (keine) Lust, …
Ich finde es (nicht) wichtig,
Es ist sehr teuer, …
Es ist schön/langweilig, …
Es macht Spaß, …
Es ist verboten, …

langsam zu essen. Sport zu machen. am Arbeitsplatz zu essen. krank zu werden. viel Fleisch zu essen. das zu essen, was mir am besten schmeckt. früher aufzustehen und zu frühstücken. Wein zu trinken. Kaffee zu trinken. auf die Gesundheit zu achten. gesunde Lebensmittel einzukaufen. mit Freunden viel zu trinken. Übergewicht zu bekommen. Wasser und Tee zu trinken.

d Infinitivgruppen mit *zu* – Ergänzen Sie die Tabelle mit Beispielen aus a und c.

Verben	Adjektive + sein/finden	Nomen + Verb
versuchen, beginnen, sich entschließen, träumen, wünschen …	Es ist (nicht) teuer, … Ich finde es (nicht) wichtig, … …	(keine) Zeit haben … …

e Wählen Sie einen Satzanfang. Rufen Sie dann den Namen eines Partners / einer Partnerin. Er/Sie ergänzt den Satz und macht weiter.

5 Ernährung und Lebensgewohnheiten

a Lesen Sie die Texte 1–3 und A–F. Ordnen Sie jedem Text eine passende Überschrift zu.

Ⓐ Die Currywurst schlägt alle: Die Nummer 1 beim schnellen Essen

Ⓑ Qualität der Lebensmittel ist den Deutschen wichtig

Ⓒ Zum Mittagessen ein richtiges Menü: Französische Familien halten an Gewohnheiten fest

Ⓓ Die Deutschen lieben ihre Bäcker und Metzger – wenn es sie nicht mehr gibt

Ⓔ Die Essgewohnheiten der Jugendlichen sind international

Ⓕ Aus für die Wurst – Gesundes Essen ist „in"

Text	1	2	3
Überschrift			

Essen alle Deutschen Wurst und alle Franzosen Baguette? Trinken alle Deutschen Bier und die Franzosen Rotwein? Das durchschnittliche französische Mittagessen ist Pizza oder Sandwich, dazu eine Cola. Die Zeiten der Menüs mit Vor- und Nachspeise sind vorbei. Das Konsumverhalten der Jugendlichen wird immer internationaler. Genauso ist es in Deutschland üblich geworden, dass sich jeder etwas aus dem Kühlschrank holt, weil alle zu unterschiedlichen Zeiten nach Hause kommen. Viele Familien versuchen, am Abend gemeinsam zu essen. ①

Zwei Drittel der Deutschen kaufen Lebensmittel dort, wo sie am billigsten sind. Deutsche geben ungefähr 15 % ihres Einkommens für Lebensmittel aus. In Frankreich oder Italien ist es fast das Doppelte. Und weil viele auch alles an einem Ort kaufen wollen, gehen sie in den Supermarkt. Metzgereien, Bäckereien oder Gemüseläden bekommen deshalb immer mehr Probleme. In vielen Stadtteilen gibt es sie nicht mehr. Das finden wiederum viele Bundesbürger dann „sehr schade". ②

Die meisten Deutschen essen eher schnell und einfach. Die große Vorliebe der Deutschen ist traditionell die Wurst. Ob in Bayern die Weißwurst, in Ostdeutschland die Thüringer Bratwurst oder in Frankfurt das Frankfurter Würstchen, die regionalen Unterschiede sind groß. Und doch gibt es eine gesamtdeutsche Lieblingswurst. Auf Platz eins des schnellen Essens steht die Currywurst mit Pommes – eine gegrillte Wurst aus Schweine-, Kalb- und Rindfleisch mit einer Currysoße sowie Ketchup und Mayonnaise. Lecker! ③

b In welchem Text finden Sie Informationen dazu? Ergänzen Sie die Sätze.

Es ist in … üblich geworden, dass …
Die kleinen Geschäfte haben Probleme, weil …
Das Lieblingsessen … ist …

Man sagt, alle … essen …
Man gibt in … viel/wenig Geld für … aus.
In jeder Region in … gibt es …

Text 1: Es ist in Deutschland üblich geworden, dass sich jeder …

6 Was denken andere über …?

1.16–18 **a Was sagen die Leute? Kreuzen Sie die richtige Aussage an.**

1. Sigrid:

[a] Kaffee, Brötchen mit Butter und Marmelade, das ist das deutsche Frühstück.
[b] Überall gibt es etwas anderes zum Frühstück.
[c] Müsli und Tee sind das neue Frühstück in Deutschland. Das ist gesund.

2. Celia:

[a] Wir essen so um drei am Nachmittag zu Mittag.
[b] In meiner Familie haben wir meistens schon vor neun Uhr zu Abend gegessen.
[c] Viele Menschen in Spanien legen Mittag- und Abendessen zusammen.

3. George:

[a] In England trinkt man Bier nicht kälter und nicht wärmer als in Deutschland.
[b] Die Witze über das „warme" englische Bier stimmen zum Teil.
[c] In England ist das Essen nicht so wichtig.

b Gewohnheiten in Ihrer und anderen Kulturen – Schreiben Sie Aussagen auf ein Blatt. Verteilen Sie die Blätter im Kurs. Raten Sie: Wo ist das?

Die Leute sind gewohnt, …
Die Leute finden es wichtig, …
Es ist bei uns sehr teuer, …

Man hat keine Lust, …
Man versucht, …
Bei uns …

Die Leute sind gewohnt, Suppe zum Frühstück zu essen.

7 Anders als erwartet – Nebensätze mit *obwohl*

a Unterstreichen Sie in den Aussagen *obwohl* und das Verb im Nebensatz.

Ich habe ziemlich viel gegessen, obwohl es mir nicht geschmeckt hat. Ich wollte höflich sein.

Ich hatte viel zu Mittag gegessen. Ich musste noch ein großes Stück Kuchen essen, obwohl ich schon satt war.

Obwohl das Hotel direkt am Meer war, hat es zum Abendessen nie Fisch gegeben. Und ich esse so gern Fisch.

Ich mache auch am Wochenende kein richtiges Frühstück, obwohl ich da Zeit habe. Ich bin es gewohnt, nur schnell eine Tasse Kaffee zu trinken.

Nebensatz mit *obwohl*
Ich habe viel gegessen,
obwohl es mir nicht
(geschmeckt) (hat).

b Schreiben Sie Sätze mit *obwohl*.

1. Sigrid trinkt selten Kaffee. Sie mag gern Kaffee.
2. Celia kann sehr gut schlafen. Sie isst sehr spät zu Abend.
3. Max trinkt 2–3 Liter Wasser pro Tag. Er hat keinen Durst.
4. Frau Müller isst täglich Kuchen. Sie soll nichts Süßes essen.
5. Christine isst nie zu Mittag. Sie hat Hunger.
6. Herr Schuster isst in jeder Pause ein Wurstbrot. Er möchte abnehmen.

Sigrid trinkt selten Kaffee, obwohl sie …

8 Essen gehen

a Wohin gehen die Personen? Ordnen Sie zu.

1. Die beiden Schüler gehen von der Schule direkt ins Kino. Auf dem Weg zum Kino wollen sie schnell etwas essen.
2. Familie Winter macht einen Ausflug aufs Land. In einem Dorf machen sie Pause und gehen essen.
3. Herr Özdemir hat Feierabend. Er geht nach der Arbeit mit einem Kollegen ein Bier trinken.
4. Frau Bergmann bleibt in der Mittagspause in der Firma. Sie geht mit ein paar Kolleginnen essen.
5. Frau Bertsch trifft sich mit ihren Freundinnen. Sie gehen am Nachmittag Kaffee trinken und Kuchen essen.

5 a) Ins Café.
4 b) In die Kantine.
1 c) Zur Imbissbude.
3 d) In die Kneipe.
2 e) Ins Gasthaus/Restaurant.

b Welche Lokale besuchen Sie? Wann, warum und wie oft? Erzählen Sie.

Im Sommer gehe ich in der Türkei mit der ganzen Familie in einen Teegarten.

Ich gehe am liebsten in die Kneipe bei mir um die Ecke. Da treffe ich immer Freunde und Kollegen.

9 Im Restaurant

a Welche Überschriften passen? Ergänzen Sie die Speisekarte.

Fischgerichte • Für unsere kleinen Gäste • Hauptgerichte • Kalte Gerichte • Nachspeisen und Süßes • Lokale Spezialitäten • Vorspeisen und leichte Gerichte

Vorspeisen und leichte Gerichte	
Salate nach Saison mit gebratenen Hühnerstreifen und Toast	10,70
Salatschüssel mit Schinken, Ei und Käse	7,80
Kartoffelsuppe mit Speckwürfeln	3,20
Tagessuppe	2,80

Hauptgerichte	
Wiener Schnitzel mit Kartoffelsalat	13,60
Grillteller mit Pommes und Gemüse	11,70
Steak vom Rinderrücken mit Kroketten	14,70
Nudelauflauf mit Gemüse, vegetarisch	8,50

Fischgerichte	
Forelle blau mit Petersilienkartoffeln	14,40
Gebratenes Dorschfilet mit Paprikareis	11,20

Kalte Gerichte	
Kalter Schweinebraten mit Schwarzbrot und Meerrettich	7,10
Belegtes Brot (Schinken, Käse, Essiggurken)	4,80

Lokale Spezialitäten	
Fränkischer Sauerbraten mit Kartoffelklößen	13,80
Nürnberger Rostbratwürstchen mit Sauerkraut	10,80
Ragout vom Reh aus heimischen Wäldern	12,60

Nachspeisen und Süßes	
Kaiserschmarrn	7,00
Hausgemachte Torten aus der Vitrine	2,80

Für unsere kleinen Gäste	
Obelix – Spaghetti mit Tomatensoße	3,80
Wickie – Grillwürstchen mit Pommes	4,60

1.19–22 **b Hören Sie. Zu welchem Bild passen die Hörtexte?**

c Ordnen Sie die Ausdrücke den Bildern zu. Einige passen nicht.

~~Haben Sie einen Tisch für zwei Personen?~~ • Danke, es war sehr gut. • Darf es noch eine Nachspeise sein? • Für mich einen Apfelsaft, bitte. • Haben Sie noch einen Wunsch? • Hat es Ihnen geschmeckt? • Herr Ober, die Rechnung, bitte. • Hier ist die Karte. • Ich habe eine Frage: Was ist ...? • Ist dieser Tisch noch frei? • Macht zusammen 33,80 €. • Was darf es sein? • Möchten Sie noch ein Wasser? • Sonst noch ein Wunsch? • Tut mir leid, es ist kein Tisch frei. • Vielleicht noch eine Nachspeise? Oder einen Kaffee? • War's recht? • Zahlen, bitte. • Zusammen oder getrennt? • Kann ich statt Kartoffeln auch Nudeln haben? • Der Rest ist Trinkgeld.

Bild A
Haben Sie einen Tisch für zwei Personen?

d Kellner und zwei Gäste – Spielen Sie ein Gespräch.

10 Schmeckt's?

1.23–25 **a Ordnen Sie die Dialoge. Hören und kontrollieren Sie.**

Dialog 1

____ Schmeckt es dir nicht? Ist es zu scharf?

_1_ Das schmeckt aber interessant.

____ Ja, es ist ziemlich scharf. Und wie ist deines?

____ Echt super! Möchtest du probieren? Aber Vorsicht, es ist wirklich scharf.

Dialog 2

____ Das ist Borschtsch. Und, schmeckt's?

____ Rote Bete, das siehst du. Und sonst noch ganz viel. Das ist ein Geheimnis.

____ Ja, sehr lecker. Was ist da drin?

_1_ Was ist das? Das kenne ich nicht.

Dialog 3

____ Da hast du recht. Aber wenigstens der Wein ist gut.

____ Das ist wahr. Zum Wohl.

____ Es ist okay. Aber wenn ich an den Preis denke, ...

____ Mein Fisch schmeckt aber nicht besonders. Wie ist dein Steak?

____ Prost!

b Beim Essen – Schreiben und spielen Sie selbst Dialoge.

Das schmeckt aber interessant.

Möchtest du nicht probieren?

Auf einen Blick

Im Alltag

1 Über Essgewohnheiten sprechen

Ich esse	**nie**	Fleisch.	Fleisch schmeckt mir nicht.
Ich kaufe	**kaum**	Süßigkeiten.	Süßes mag ich nicht besonders.
Ich koche	**manchmal**	Fisch.	Fisch finde ich ganz okay.
Ich trinke	**regelmäßig**	Kaffee.	Kaffee brauche ich dreimal am Tag.
Ich esse	**oft**	Obst.	Frisches Obst ist für mich sehr wichtig.
Ich brauche	**immer**	Brot.	Ohne Brot geht bei mir gar nichts.

2 Thema „Essen" – Ratschläge geben

Trink den Tee, er wird kalt.
Du solltest mehr Salat essen, Salat ist gesund.
Du musst mehr essen, der Körper braucht das.
Denk daran, langsam zu essen.

Trinken Sie immer wieder Wasser, den ganzen Tag.
Denken Sie daran, öfter Fisch zu essen.
Versuchen Sie, wenig Süßigkeiten zu essen.
Sie müssen aufhören zu essen, wenn Sie satt sind.
Sie sollten oft zu Fuß gehen.

3 Im Restaurant bestellen und bezahlen

Gast
Haben Sie einen Tisch für fünf Personen?
Ist dieser Tisch noch frei?

Kellner
Tut mir leid, es ist kein Tisch mehr frei.
Ja, bitte! / Nein, der ist leider reserviert.

Kellner
Hier ist die Karte. Was darf es zum Trinken sein?
Haben Sie schon gewählt?
Sonst noch ein Wunsch? / Haben Sie noch einen Wunsch?
War's recht? / Hat es Ihnen geschmeckt?
Vielleicht noch eine Nachspeise?
Möchten Sie einen Kaffee?

Gast
Für mich einen Apfelsaft, bitte.
Ich hätte gern eine Salatplatte mit Schinken.
Ich habe eine Frage: Was ist …?
Kann ich statt Kartoffeln auch Nudeln haben?
Danke, es war sehr gut.
Ja, gerne. Was haben Sie denn? / Nein, danke!
Ja, einen Espresso bitte.

Gast
Bringen Sie mir die Rechnung, bitte.
Zahlen, bitte.
Machen Sie 35. / Stimmt so.

Kellner
Zusammen oder getrennt?
Macht zusammen 33,80 €.
Danke. / Vielen Dank.

4 Gespräch beim Essen

Möchtest du noch? Es ist genug da. — Gern. Es schmeckt ganz toll.
Kannst du mir bitte das Brot geben?
Kann ich noch einen Saft haben? — Oh, Entschuldigung, das habe ich ganz vergessen.

Im Alltag EXTRA
▶ S. 128

TIPP In Restaurants oder Cafés gibt man Trinkgeld, wenn man zufrieden ist. Bei kleinen Beträgen rundet man auf 50 Cent (2,30 € auf 2,50 €) oder einen ganzen Euro (2,70 € auf 3,– €) auf. Nach einem größeren Essen gibt man maximal 10 % Trinkgeld.

Grammatik

1 Infinitivgruppen mit *zu*

Verben	anfangen versuchen vergessen sich entschließen	Pavel fing an **zu** kochen. Er versuchte, etwas Neues **zu** machen. Er hatte vergessen, die richtigen Gewürze ein**zu**kaufen. Aber er entschloss sich, es trotzdem **zu** probieren.
Adjektive + Verb	wichtig sein nicht teuer sein gut tun schön finden	Es ist wichtig, sich richtig **zu** ernähren, sagt der Arzt. Es ist nicht teuer, gesund **zu** essen, sagt mein Chef. Es tut gut, viel **zu** trinken, sagt meine Freundin. Ich finde es einfach schön, das Essen **zu** genießen.
Nomen + haben	Lust haben keine Zeit haben Angst haben	Anna hatte Lust, im Restaurant **zu** essen. Sie hatte keine Zeit, vorher an**zu**rufen. Deshalb hatte sie Angst, keinen Platz **zu** bekommen.

2 Nebensätze mit *obwohl*

Ich frühstücke nie, wenn ich arbeite, weil ich keine Zeit habe.

Hauptsatz	Nebensatz
Ich (mache) aber auch sonntags kein richtiges Frühstück,	**obwohl** ich da Zeit (habe).

Ich war schon satt und wollte keinen Kuchen essen.

Hauptsatz	Nebensatz
Ich (musste) ein großes Stück Kuchen essen,	**obwohl** ich schon satt (war).

Wenn der Nebensatz zuerst steht, beginnt der Hauptsatz mit dem konjugierten Verb:

Obwohl ich schon satt (war), (musste) ich ein großes Stück Kuchen essen.

Wortbildung

Nomen bilden

gewohnt	**die** Gewohn**heit**	(sich) ernähren	**die** Ernähr**ung**
gesund	**die** Gesund**heit**	(sich) erholen	**die** Erhol**ung**
flüssig	**die** Flüssig**keit**	das Land	**die** Land**schaft**
süß	**die** Süßig**keit**	das Wissen	**die** Wissen**schaft**

die Quali**tät** / **die** Speziali**tät**, **die** Informat**ion** / **die** Nat**ion**, **die** Mus**ik** / **die** Grammat**ik**, **die** Disko**thek** / **die** Apo**theke**

TIPP Wörter mit diesen Endungen haben immer den Artikel *die*:
Deutsche Wörter: *-ung, -heit, -keit, -schaft*
Internationale Wörter: *-(i)tät, -(t)ion, -ik, -thek(e)*

Raststätte

1 Wortschatz trainieren

a Hier finden Sie 120 Wörter aus Berliner Platz NEU 1–3. Arbeiten Sie in Gruppen. Sie haben 15 Minuten Zeit. Wie viele Wörter können Sie in Wortfeldern gruppieren? Es gibt verschiedene Möglichkeiten.

b Stellen Sie Ihre Wortfelder im Kurs vor.

abnehmen
alleinstehend
ankommen
Anmeldung
anschalten
anstrengend
Anzeige
arbeiten
Arbeitszeit
aufstehen
Ausbildung
Ausflug
ausgeben
Aushilfe
Aussehen
Bewerbung
Bier
Brief
Bruder
Butter
Cafeteria
Chefin
dauern
Doppelzimmer
Durst
Ehe
einladen
einziehen
Einzelkind
Einzelzimmer

Eltern
E-Mail
Energie
Erholung
essen
feiern
Fett
Flasche
Freizeit
Freundeskreis
frühstücken
Gabel
Gasthaus
Geburtstag
Gehalt
gehen
genießen
Geld
Gepäck
Geschenk
gesund
Gewicht
Grippe
groß
Hauptschulabschluss
Hochzeit
Hotel
Hunger
jobben
Kalorien

kalt
Karriere
Käse
Kasse
Kellner
kochen
Koffer
krank
Küche
Kuchen
Kuli
kurz
lieben
locker
Messer
mieten
Mitglied
miteinander
Nebenkosten
Ordnung
Packung
Partner
praktisch
Projekt
Prospekt
Prüfung
pünktlich
Regierung
renovieren
Reparatur

Reservierung
Rezept
schicken
schlank
Sekretär/in
Sessel
sich interessieren für
sich kümmern um
spät
Speisekarte
sportlich
stellen
studieren
Stundenlohn
sympathisch
Tasse
Talent
Tee
Termin
teuer
treffen
trinken
Verkäufer/in
Vorhang
Vorwahl
Wand
Wochenende
Wohnort
Wohnung
zunehmen

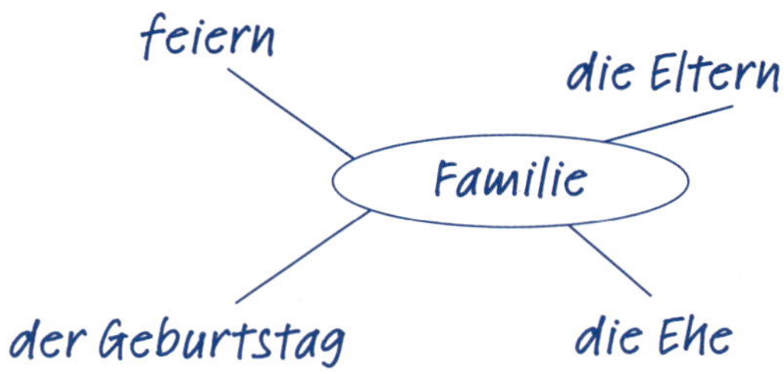

c Ergänzen Sie gemeinsam die Wortfelder mit weiteren Wörtern, die Sie kennen.

d Für Erzähler/innen: Schreiben Sie eine Geschichte, in der mindestens 20 von den Wörtern aus der Liste vorkommen.

2 **Sprechen und schreiben trainieren**
Suchen Sie sich zwei Bilder aus und schreiben Sie einen Dialog oder einen Text.

① 

② 

③ 

④ **Konversationskurs Deutsch**
Niveau B1/B2
Wir sprechen über die Themen, die Sie interessieren. Als Vorbereitung sehen wir Ausschnitte aus Fernsehsendungen.
12 Abende, mittwochs ab 19 Uhr
Beginn: 13.4.
Ort: VHS, Bergstraße 72, Raum 11
Kursleiterin: A. Reiter (MA)

⑤ 

⑥ 

⑦ 

⑧ 

⑨ **Hotel Maier**
Fischbach am Bodensee
Wir suchen
eine Restaurantfachkraft
für unser Hotelrestaurant.
Rufen Sie an (0 75 41–34 51)
oder schreiben Sie uns:
hotelmaier@info.com

⑩ 

⑪ 

⑫ 

- Hallo Mama, ich brauche deine Hilfe.
- ○ Was ist denn los?
- Silke ist krank. Sie hat Fieber. Kannst du kommen? Ich muss in einer Stunde zu einem Kunden.
- ○ Klar, ich komme gleich.
- Danke, Mama, du bist ein Schatz.

Sehr geehrter Herr Schmidt,
meine Tochter Silke ist leider krank. Der Arzt sagt, dass sie bis Freitag zu Hause bleiben muss.
Mit freundlichen Grüßen
Ada Kuzlowa

Warum ist es am Rhein so schön …?

3 Vereinsausflug an den Rhein

1.26 **a Hören Sie, was der Vereinsvorsitzende sagt. Korrigieren Sie die falschen Aussagen.**

1. Der Rhein fließt von der Nordsee zu den Alpen.
2. Der Rhein ist über 1000 Kilometer lang.
3. Mehr als zehn Länder liegen am Rhein.
4. Der Rhein ist der längste Fluss der Welt.

1.27 **b Hören Sie weiter und kontrollieren Sie mit der Karte. Wo beginnt die Reise und wie geht sie weiter? Ordnen Sie die Informationen in die richtige Reihenfolge.**

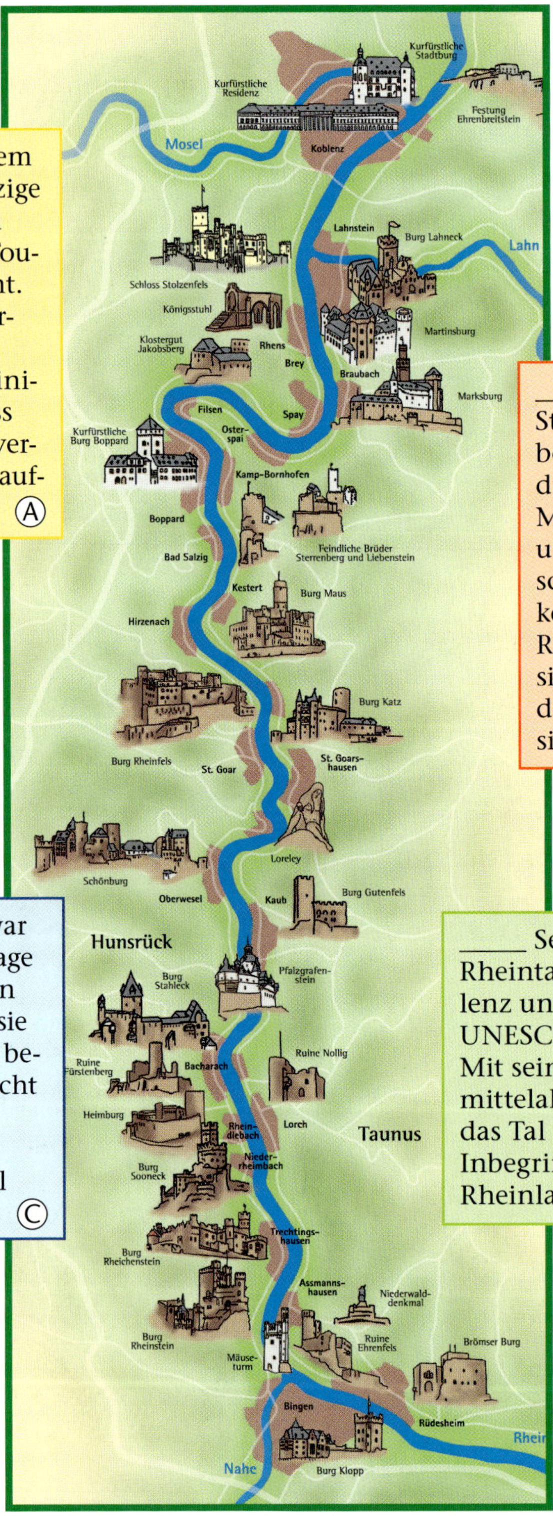

_____ Die Marksburg aus dem 12. Jahrhundert ist die einzige unzerstörte Höhenburg am Mittelrhein. Sie wird von Touristen aus aller Welt besucht. In Japan steht in einem Vergnügungspark sogar eine Kopie, weil die Burgenvereinigung nicht erlaubt hat, dass das Original für viel Geld verkauft und in Japan wieder aufgebaut wird. Ⓐ

_____ An einer sehr engen Stelle im Rheintal gibt es eine bekannte Touristenattraktion, die „Loreley“. Zu diesem 132 Meter hohen Felsen gibt es die uralte Geschichte von der schönen Tochter des Rheinkönigs, die die Schiffer vom Rhein so verrückt macht, dass sie in den Tod fahren. Das Gedicht von Heinrich Heine hat sie weltberühmt gemacht. Ⓑ

_____ Die Burg Rheinfels war einmal die größte Burganlage am Rhein. Graf Diether von Katzenelnbogen gründete sie 1245. Diese Burg haben so berühmte Künstler wie Albrecht Dürer und der Engländer William Turner gemalt. Heute ist sie teilweise Hotel und Gaststätte. Ⓒ

_____ Seit 2002 sind das Rheintal von Bingen bis Koblenz und die Stadt Rüdesheim UNESCO-Weltkulturerbe. Mit seinen Weinbergen und mittelalterlichen Burgen gilt das Tal in der ganzen Welt als Inbegriff der romantischen Rheinlandschaft. Ⓓ

4 Heinrich Heine: Ich weiß nicht, was soll es bedeuten

1.28 **a Hören Sie Heines Gedicht als Lied.**

Ich weiß nicht, was soll es bedeuten,
Dass ich so traurig bin;
Ein Märchen aus alten Zeiten,
Das kommt mir nicht aus dem Sinn.

Die Luft ist kühl und es dunkelt
Und ruhig fließt der Rhein;
Der Gipfel des Berges funkelt
Im Abendsonnenschein.

Die schönste Jungfrau sitzet
Dort oben wunderbar,
Ihr goldnes Geschmeide blitzet,
Sie kämmt ihr goldenes Haar.

Sie kämmt es mit goldenem Kamme
Und singt ein Lied dabei;
Das hat eine wundersame,
Gewaltige Melodei.

Den Schiffer im kleinen Schiffe
Ergreift es mit wildem Weh;
Er schaut nicht die Felsenriffe,
Er schaut nur hinauf in die Höh.

Ich glaube, die Wellen verschlingen
Am Ende Schiffer und Kahn;
Und das hat mit ihrem Singen
Die Lore-Ley getan.

b In dem Gedicht gibt es veraltete Ausdrücke. Ordnen Sie die Bedeutung zu.

1. das kommt mir nicht aus dem Sinn	____ a) es wird Abend
2. es dunkelt	____ b) das Boot geht unter
3. ihr goldnes Geschmeide blitzet	____ c) blondes Haar
4. goldenes Haar	____ d) ich kann das Märchen nicht vergessen
5. eine wundersame, gewaltige Melodei	____ e) ihr goldener Schmuck glänzt
6. mit wildem Weh	____ f) eine schöne Melodie / ein schönes Lied
7. die Wellen verschlingen … Kahn	____ g) mit großer Sehnsucht

c Erarbeiten Sie in Gruppen je eine Strophe mit dem Wörterbuch und sprechen Sie im Kurs.

d Kennen Sie ähnliche Geschichten von schönen Frauen, die Männern den Tod bringen?

Projekt: Eine Reise an den Rhein

Wählen Sie einen Abschnitt des Rheins. Planen Sie eine Reise wie in Aufgabe 3 und stellen Sie Ihre Reise im Kurs vor. Auf der Homepage www.rheintal.de finden Sie viele Informationen.

Prüfungsvorbereitung: Sprechen

5 Gespräch über Esskultur
Wählen Sie ein Foto. Arbeiten Sie zuerst allein. Lesen Sie die Aufgaben a und b und die Redemittelkästen.

a Das Foto betrachten – Beantworten Sie die Fragen.

- Wer ist zu sehen?
- Was machen die Personen?
- Welche Situation ist auf dem Foto dargestellt?
- Wo sind die Personen?
- Welche Tageszeit könnte das sein?
- Wie ist die Atmosphäre?
- Welches Problem zeigt das Foto?

b Das Foto beschreiben

1. Beschreiben Sie Ihrem Partner / Ihrer Partnerin das Foto.
2. Ihr Partner / Ihre Partnerin stellt Ihnen Fragen dazu. Reagieren Sie darauf.

Personen	Situation	Tätigkeiten
Auf dem Bild sieht man viele Personen, die … Das könnte ein/e … sein. Die Personen sehen … aus. Sie scheinen … zu sein, weil …	Man kann hier deutlich erkennen, dass … Es ist klar zu sehen, dass … Man versteht sofort, dass … Ich vermute, dass … Ich glaube, dass … Vielleicht ist das ein/e …	Die Personen sind gerade dabei … zu … Ich glaube, dass die Personen gerade … Man kann (nicht) deutlich erkennen, was die Personen machen.
Ort und Zeit	**Atmosphäre**	**Problem**
Die Personen befinden sich in einem/einer … Das könnte in einem/einer … sein. Das könnte morgens/mittags/abends sein, weil man … sehen kann.	Auf dem Foto herrscht eine freundliche/familiäre Atmosphäre. Die Personen sehen sehr … aus. Das ist typisch Alltag. Das ist ein nettes/schönes Foto, weil …	Das Foto spricht das Problem … an. Das Foto macht auf das Problem … aufmerksam. Wenn ich das Foto anschaue, dann denke ich sofort an …

c Über das Foto sprechen

1. Welche Erfahrungen haben Sie mit der dargestellten Situation gemacht?
2. Wie ist das in Ihrem Heimatland?
3. Könnte es dieses Foto auch in Ihrem Heimatland geben?

Bei mir persönlich ist	das genauso/ähnlich / ganz anders: …
Also, bei uns zu Hause ist	die Situation sehr ähnlich / ganz anders: …
In meinem Land gibt es	ähnliche / ganz andere Traditionen.
Ich könnte mir nicht vorstellen,	das genauso zu machen, weil …
Ich glaube,	so ein Foto könnte man in meinem Heimatland nicht/auch machen.
Es ist unvorstellbar,	so ein Foto bei uns / in … zu machen.
Ich bin sicher, dass	man so eine Situation in meinem Heimatland (nicht) finden könnte, weil …

Gesprächspartner **A**

Gesprächspartner **B**

TIPP Vor der Prüfung haben Sie keine Vorbereitungszeit. Sie bekommen das Foto in der mündlichen Prüfung von Ihrem Prüfer / Ihrer Prüferin. Sie haben kurz Zeit, sich das Foto anzuschauen. Nutzen Sie die Zeit! Überlegen Sie, was Sie zu diesem Foto sagen können. Reden Sie nicht einfach darauf los!

28 Geschichte

Ⓐ

① Anfang Mai 1945 eroberte die sowjetische Armee Berlin. Der Zweite Weltkrieg, den Deutschland 1939 mit dem Angriff auf Polen begonnen hatte, war zu Ende. Deutschland und halb Europa waren zerstört. Über 50 Millionen Menschen, fast die Hälfte davon Bürger der Sowjetunion, hatten ihr Leben verloren. Darüber hinaus hatten die Nazis Millionen Menschen in den Konzentrationslagern ermordet, etwa sechs Millionen davon waren Juden.

Ⓑ

Ⓒ

Lernziele

- Texte zur Geschichte verstehen
- über Ereignisse in der Vergangenheit sprechen
- über Migration sprechen
- Meinungen zu Europa äußern

② In den siebziger Jahren wollte eine neue Generation anders leben als ihre Eltern. Sie gründeten Wohngemeinschaften und neue Arten von Kindergärten. Man protestierte gegen den Bau von Atomkraftwerken und die Umweltverschmutzung. Es entstand die Ökobewegung. Energiesparen, Sonnen- und Windenergie und ökologische Landwirtschaft wurden wichtige Themen.

1 Geschichte in Bildern und Texten

a Sehen Sie die Bilder an. Sammeln Sie Assoziationen und Informationen im Kurs.

b Lesen Sie die Texte und ordnen Sie die Bilder zu.

③ Nachdem Carl Benz 1886 das erste Auto gebaut hatte, machte seine Frau Berta im August 1888 mit ihren beiden Söhnen die erste „Fernreise“. Sie fuhren von Mannheim 80 Kilometer zur Großmutter nach Pforzheim. Unterwegs hatten sie zwar kleine Pannen und mussten Benzin in der Apotheke einkaufen, aber am Abend hatten sie die erste Autofernfahrt der Welt geschafft.

④ Als sich die Wirtschaft in den 50er Jahren erholte, brauchte Deutschland Arbeitskräfte. Die ersten „Gastarbeiter“ kamen ab 1955. Es waren Italiener. Ihnen folgten Griechen, Spanier, Portugiesen, Türken, Serben, Kroaten usw. Es kamen 20- bis 40-jährige Männer ohne Familien, die in Deutschland in kurzer Zeit möglichst viel Geld verdienen wollten. Dann wollten sie wieder nach Hause. Aber viele blieben, heirateten und bekamen Kinder. Deutschland wurde ihre zweite Heimat.

Am 10. September 1964 kam der Millionste Gastarbeiter, der Portugiese Armando Rodriguez, in Köln an. Er bekam bei seiner Ankunft ein Moped als Geschenk.

⑤ Als die DDR-Regierung am 9. November 1989 um 19 Uhr 7 erklärte, dass DDR-Bürger ab sofort frei reisen durften, konnte es erst niemand glauben. Nachdem sie die Nachricht im Fernsehen gesehen oder im Radio gehört hatten, gingen Tausende von DDR-Bürgern und -Bürgerinnen zu den Grenzübergängen. Gegen 21 Uhr wurde die Grenze in Berlin geöffnet. Ost- und Westberliner lagen sich in den Armen und feierten.

2 Geschichte hören

⊙ 1.29–30

a Hören Sie die Texte. Zu welchen Bildern passen sie?

b Hören Sie Text 1 noch einmal. Was hören Sie zu diesen Stichworten?

1958 • allein • Spaghetti • nach Italien zurückgehen • Pizzeria • Familie • 70

c Hören Sie Text 2 noch einmal. Kreuzen Sie an: richtig oder falsch?

	R	F
1. Klaus Steffens hat 1989 in Berlin gewohnt.	☐	☐
2. Er wusste, dass die Mauer bald offen sein wird.	☐	☐
3. Er ist mit seiner Freundin noch in der Nacht nach Westberlin gegangen.	☐	☐
4. Die Westberliner fanden den Besuch aus dem Osten nicht gut.	☐	☐

3 Zwanzig Jahre

a Von 1989 bis heute – Sammeln Sie Stichworte zu Ereignissen in der Welt in diesen Jahren.

1990 war bei uns in Chile die Pinochet-Diktatur zu Ende.

b Lesen Sie den Text. Wie stehen 1–5 im Text?

1. Die Wiedervereinigung war teuer. 2. Der Wirtschaft im Osten ging es zuerst sehr schlecht. 3. Die EU wird größer. 4. Die EU bekommt eine eigene Währung. 5. Der 3. Oktober wird gefeiert.

Nachdem die Grenze zwischen der DDR und der BRD gefallen war, dauerte es nur knapp ein Jahr, bis sich die beiden deutschen Staaten zusammenschlossen. Seitdem ist der 3. Oktober ein Nationalfeiertag. Jedes Jahr findet ein Bürgerfest in einem anderen Bundesland statt.

Mit dem 3. Oktober war die Wiedervereinigung nicht abgeschlossen, sie hatte gerade erst begonnen. Der Staat investierte Milliarden in die Erneuerung der Infrastruktur Ostdeutschlands. Neue Straßen wurden gebaut, Innenstädte saniert, die Verwaltung umstrukturiert.

In den Jahren nach 1990 gingen viele Wirtschaftsbetriebe der ehemaligen DDR bankrott, andere wurden privatisiert. Viele Menschen verloren ihre Arbeitsplätze. Für die Menschen im Osten war das sehr schwer. Erst langsam wurde die Situation besser. Neue Industrien kamen und neue Arbeitsplätze entstanden, aber bis heute gibt es große soziale Unterschiede zwischen Ost und West.

Nachdem man die Grenzen zwischen Osteuropa und Westeuropa geöffnet hatte, ging auch die europäische Einigung schnell voran. Von 1995 bis 2009 traten 15 neue Länder der Europäischen Union bei. Seit 2002 wird der Euro in immer mehr Staaten Europas als Währung eingeführt. 2009 trat der Vertrag von Lissabon in Kraft. Durch ihn soll die EU nach innen und außen handlungsfähiger werden.

Der zwanzigste Jahrestag des Mauerfalls wurde 2009 mit einem großen Fest in Berlin gefeiert. Hunderttausende von Menschen aus der ganzen Welt feierten auf den Straßen von Berlin.

4 Wichtige Daten

a Sammeln Sie wichtige Ereignisse zu Ihrem Heimatland. Sprechen Sie im Kurs.

Seit wann ist … eine Diktatur/Demokratie? Hat es bei euch einmal einen Krieg/… gegeben? Weißt du, ob / seit wann / wie lange …? Seit wann ist … unabhängig? Bis wann war … eine Monarchie?	… hat es eine Revolution / einen Putsch / eine Überschwemmung / einen Hurrikan gegeben. … gab es einen Krieg / ein Erdbeben … … war der Krieg zu Ende und … Seit … ist … eine Republik. Ich bin mir nicht sicher, aber ich glaube, dass …

b Gibt es einen Tag, der Ihr Leben verändert hat? Sprechen Sie im Kurs.

… habe ich meine erste Arbeitsstelle bekommen.

Am 3. März 20… bin ich nach … gekommen.

Vor vier Jahren wurde meine Tochter geboren. Das hat mein Leben verändert.

5 Vergangenheit: schriftlich und mündlich

a Markieren Sie in 1–6 die Präteritumformen. Notieren Sie die Infinitive und die Perfektform.

1. Carl Benz erfand 1886 das Auto.
2. Hitler kam 1933 an die Macht.
3. Der Ingenieur Conrad Zuse baute 1941 den ersten Computer.
4. Die ersten Gastarbeiter trafen 1955 in Westdeutschland ein.
5. 1956 gründeten sechs Länder die Europäische Wirtschaftsgemeinschaft (EWG).
6. Am 9. November 1989 öffnete die DDR die Mauer.

Der Z3 von Conrad Zuse war der erste funktionsfähige Computer.

b Wenn man spricht, benutzt man meistens das Perfekt. Fragen und antworten Sie.

Wann hat Benz das Auto erfunden?

Wann sind die ersten …?

6 Zeitpunkt in der Vergangenheit: *als*

Lesen Sie das Beispiel und verbinden Sie die Sätze in 1–5.

1. Die Wirtschaft wuchs. Deutschland brauchte Arbeitskräfte.
2. Die DDR-Regierung erlaubte das Reisen. Niemand konnte es glauben.
3. Der Euro wurde eingeführt. Viele hatten Angst vor der Inflation.
4. Leos Vater durfte zum ersten Mal wählen. Er war über 50.
5. Olga war schon 22. Sie hat ihren Führerschein gemacht.

Das passierte:

Die Mauer (fiel) am 9.11. Niemand (glaubte) das.

Nebensatz	Hauptsatz
Als die Mauer am 9.11. (fiel),	(glaubte) das niemand.

1. Als die Wirtschaft wuchs, brauchte …

7 Zuerst – danach: *nachdem*

a Markieren Sie in 1–4 *nachdem* und die Verbformen im Nebensatz und im Hauptsatz.

1. Nachdem Benz das erste Auto gebaut hatte, machte seine Frau Berta die erste „Fernreise".
2. Viele DDR-Bürger gingen zu den Grenzübergängen, nachdem sie die Nachricht gehört hatten.
3. Die europäische Einigung ging schnell voran, nachdem man die Grenzen geöffnet hatte.
4. Nachdem die Grenze gefallen war, dauerte es nur ein Jahr, bis Deutschland vereint war.

b Notieren Sie die Informationen aus 1–4 an der Tafel wie im Beispiel.

Das passierte zuerst.	*Das passierte danach.*
Benz baute das Auto.	*Berta machte eine Fernreise.*

c Plusquamperfekt – Ergänzen Sie die Regel. Wann benutzt man *haben* und wann *sein*?

Das Plusquamperfekt bildet man mit dem P… von *haben* oder *sein* und dem P… II vom Verb.

Nachdem er den Test (bestanden) (hatte), fuhr Tom nach Hause.

Er rief Lena an, **nachdem** er (angekommen) (war).

8 Gastarbeiter, Migranten …

a Lesen Sie die Porträts. Kennen Sie ähnliche Geschichten? Sprechen Sie im Kurs.

Nachdem Chim mit 20 Jahren aus Vietnam in die DDR gekommen war, arbeitete er in einer Fabrik. Nach 1989 hatte er es zuerst sehr schwer. Dann machte er mit seiner Frau zusammen ein Restaurant in Leipzig auf.

Clara kam 1965 aus Spanien nach Deutschland. Sie arbeitete hier und später heiratete sie. 1999 ging sie nach Spanien zurück, aber heute lebt sie wieder in Bochum, weil ihre Kinder in Deutschland wohnen.

Als Sedat drei Jahre in Köln war, kam seine Frau auch nach Deutschland. Das war vor 25 Jahren. Heute sind seine drei Kinder erwachsen. Sein ältester Sohn lebt in Toronto, Kanada, seine Tochter in Köln und der Jüngste wohnt in Ankara.

Dene kam 2003 aus dem Sudan nach Deutschland. Der Anfang war sehr schwer. Sie hatte Probleme mit der Sprache, den Leuten und dem Wetter. Heute arbeitet sie als Kindergärtnerin.

Mein Onkel ist 1989 nach Berlin gekommen. Nachdem er …

Meine Freundin kommt aus … Sie musste … fliehen und ist zuerst nach …

Mein Ururgroßvater ist 1929 in die USA ausgewandert. Mein Großvater …

b Ergänzen Sie den Text mit den Verbformen im Plusquamperfekt.

Mit dem Wirtschaftswunder in den 50er Jahren begann auch die Zuwanderung nach Deutschland. Nachdem zuerst Italiener (1) ______________ (kommen), folgten bis Ende der sechziger Jahre Menschen aus Griechenland, Spanien, Portugal und der Türkei. Zu Anfang (2) ______________ man sie als „Fremdarbeiter" ______________ (bezeichnen), aber bald hießen sie offiziell „Gastarbeiter". Viele blieben in Deutschland und fanden hier eine neue Heimat, aber viele gingen auch zurück in ihre Heimat.

Nachdem die Wirtschaftskrise der 70er Jahre (3) ______________ (anfangen), durften keine Gastarbeiter mehr kommen. Nach der Krise kamen wieder viele Migranten nach Deutschland, vor allem aus der Türkei.

Nachdem Anfang der 90er Jahre auf dem Balkan der Krieg (4) ______________ (beginnen), flohen viele Menschen nach Deutschland. Die meisten Flüchtlinge kehrten später in ihre Heimat zurück. Nach dem Ende der Sowjetunion kamen auch viele Aussiedler nach Deutschland.

9 Europa und ich

a Lesen Sie den Text. Zu welchen Textstellen passen die Bilder?

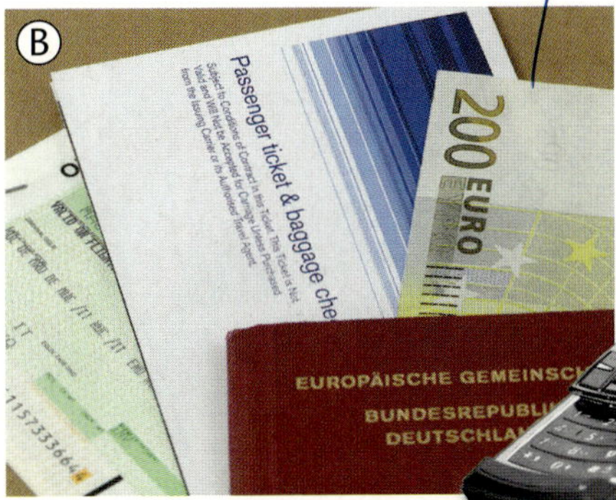

Ich heiße Lucie Berger und komme aus Toulouse. Unsere kleine Emma gäbe es wahrscheinlich nicht ohne Europa. Ich habe meinen Mann vor fünf Jahren bei einem EU-Programm in Schottland kennengelernt. Sebastian ist ein echter Niederbayer aus Passau, wo wir vor einem Jahr hingezogen sind.
Europa bringt die Menschen zusammen. Viele Freunde von uns haben „binationale Beziehungen". Die Europäische Union mit ihren heute 27 Mitgliedsstaaten hat uns eine lange Periode von Frieden und wirtschaftlichem Fortschritt gebracht. Das ist das Wichtigste und das darf man nie vergessen.
Ich verstehe nicht, warum viele Leute Angst vor dem „Monster in Brüssel" haben, denn dieses Monster ist bürgerfreundlicher, als die meisten glauben. Es hat nicht nur das Reisen, Leben und Arbeiten in der EU viel leichter gemacht, auch die meisten der oft kritisierten EU-Verordnungen helfen den Bürgern. Dank der EU müssen wir heute nicht mehr so hohe Gebühren für Banküberweisungen im EU-Raum bezahlen. Die EU hat dafür gesorgt, dass ich jetzt viel billiger mit dem Handy meine Mutter in Toulouse anrufen kann. Dass heute auf meinem Flugticket nach Toulouse der Preis steht, den ich auch wirklich bezahlen muss und nicht noch versteckte Gebühren und Steuern dazukommen, liegt auch an der EU.
Viele Menschen wissen zu wenig über die Europäische Union und glauben deshalb leicht Berichten, die sie als demokratiefeindliche Bürokratie darstellen. Es stimmt, dass es viele Probleme gibt und die EU noch viel demokratischer und bürgerfreundlicher werden muss. Sie muss auch offener sein für Menschen aus anderen Ländern. Trotzdem ist die Europäische Union eine Erfolgsgeschichte.
Für unsere Tochter wird Europa die Heimat sein. Sie wächst dreisprachig auf mit Deutsch, Französisch und – Niederbairisch.

b Was sagt der Text? Kreuzen Sie an: richtig (R), falsch (F), dazu steht nichts im Text (0).

	R	F	0
1. Lucie lebt in Schottland.	☐	☐	☐
2. Der Euro gilt heute in ganz Europa.	☐	☐	☐
3. Viele Europäer haben Probleme mit der EU.	☐	☐	☐
4. Die EU hat viele Dinge einfacher gemacht.	☐	☐	☐
5. Die EU kontrolliert die Banken.	☐	☐	☐
6. Man kann heute in der EU billiger mit dem Handy telefonieren als früher.	☐	☐	☐

Projekt: Stadtgeschichte/Regionalgeschichte

Entscheiden Sie zuerst, ob Sie über Ihre Heimatstadt/-region oder eine Stadt/Region in Deutschland berichten wollen.
– Wie alt ist diese Stadt? Was sind die ältesten Orte in der Region?
– Welche interessanten Personen kommen aus der Gegend?
– Was war ihre beste/schlechteste Zeit?
– Welche Partnerstädte/-regionen in Europa hat sie?

10 Drei Meinungen zu Europa

1.31–33 **a Hören Sie. Was sagen die drei Personen zu den Stichworten?**

Bhadrak Singh, Indien

Jiri Dmytrák, Tschechien

Me Sun Shin, Süd-Korea

freier Handel · Hoffnung · Geschichte · Bürokratie · eigene Kultur · Chancen · Angst · Wirtschaft · ohne Pass reisen · junge Leute · Amerika · Währung/Euro

b Hören Sie noch einmal. Wer sagt was? Notieren Sie B (Bhadrak), J (Jiri) oder M (Me Sun).

1. _____ glaubt, dass Europa für die Leute in seinem Land immer positive und negative Seiten hat.
2. _____ betont, dass Europa eine interessante Geschichte hat.
3. _____ findet, dass die Jugend in Europa mehr eigene Ideen haben sollte.
4. _____ verbindet Positives und Negatives mit dem Begriff „Europa".
5. _____ interessiert sich besonders für die europäische Kultur.
6. _____ meint, dass es ein Vorteil ist, wenn man ohne Pass reisen kann.

11 Meine Meinung

a Europäische Union pro und contra – Sammeln Sie an der Tafel.

PRO	CONTRA
einfacher Reisen	zu wenige Bürgerrechte

b Schreiben Sie kurze Texte. Hängen Sie sie im Kursraum auf und sprechen Sie darüber.

Ich finde nicht, dass der Euro überall die Währung sein muss.

Warum nicht? Das ist doch praktisch.

Der größte Vorteil ist für mich …

Ich finde es einen Nachteil, dass …

12 Biografien

a Lesen Sie den Text. Erster Eindruck – Welche Stichwörter passen zum Text und warum?

Freizeit • Politik • Beruf • mein Leben • Geld • Macht • Spaß

Eine zweite Chance?

Zum Thema „Eine zweite Chance“ hatte der Talkshow-Moderator einen wichtigen Politiker, eine berühmte Schauspielerin und eine alte Dame eingeladen, die niemand kannte.

Zuerst sprach der Moderator lange mit der Schauspielerin. Nachdem sie von Filmen, von Partys und von ihren großen Erfolgen und kleinen Problemen erzählt hatte, fragte der Moderator: „Stellen Sie sich vor, Sie können Ihr Leben noch einmal leben. Was machen Sie anders?“ Die berühmte Schauspielerin überlegte nicht lange und antwortete: „Ich mache alles genauso wieder!“ Das Publikum im Studio applaudierte laut und lange.

Danach sprach der Moderator mit dem Politiker. Und nachdem dieser von seinen großen Erfolgen, kleinen Niederlagen und von den Treffen mit Politikern aus der ganzen Welt erzählt hatte, fragte der Moderator auch ihn: „Stellen Sie sich vor, Sie können Ihr Leben noch einmal leben. Was machen Sie anders?“ Der Politiker überlegte nur etwas länger als die Schauspielerin und antwortete: „Ich mache alles genauso wieder, aber vielleicht ein oder zwei Fehler weniger.“ Und das Publikum im Studio applaudierte wieder laut und lange.

Dann unterhielt sich der Moderator mit der alten Dame und sagte: „Leider ist unsere Sendezeit schon fast zu Ende, aber ich möchte auch Ihnen wenigstens diese eine Frage stellen: Stellen Sie sich vor, Sie können Ihr Leben noch einmal leben. Was machen Sie anders?“

Die alte Dame, die niemand kannte, überlegte lange und sagte dann langsam und sehr entschlossen: „Ich mache natürlich alles anders! Aber Ihre Frage ist nicht ganz richtig. Sie müssen fragen: ‚Was können Sie anders machen?‘ Kann ich die Kriege verhindern? Kann ich die Arbeitslosigkeit abschaffen? Kann ich die Klimakatastrophe verhindern und die Umwelt retten? Kann ich die Menschen toleranter machen? Wenn ich das kann, dann tue ich das! Aber kann ich das?“ Und das Publikum applaudierte – lange, sehr lange, aber leise und nachdenklich. Nach der Sendung kam Werbung für Autos, Haarshampoo und Hundefutter und danach kamen die Nachrichten mit Überschwemmungen, Erdbeben und Kriegen.

b Lesen Sie 1–6 und noch einmal den Text. Wer könnte das gesagt haben? Notieren Sie S (Schauspielerin), P (Politiker) oder D (Dame).

1. _____ Ich allein kann nicht viel ändern.
2. _____ Mir gefällt mein Leben. Hauptsache, es geht mir gut.
3. _____ Die da oben machen doch sowieso, was sie wollen.
4. _____ Ich habe mich immer gern engagiert. Man kann schon etwas verändern.
5. _____ Ich will gar nichts ändern. Die große Politik interessiert mich nicht.
6. _____ In meinem Beruf ist es wichtig, dass man den Menschen Mut macht.

c Ihre Meinung: Was würden Sie anders machen? Ist das möglich? Machen Sie Notizen. Sprechen Sie dann im Kurs.

Auf einen Blick

Im Alltag

1 Über wichtige Ereignisse im Leben sprechen

Seit wann ist dein Land eine Diktatur/Demokratie/Monarchie?
Seit wann ist dein Land unabhängig?
Bis wann war ... eine ...?

2000 hat es eine Revolution / einen Putsch/Krieg gegeben.
2003 war der Krieg zu Ende und ...
2010 gab es eine Überschwemmung / einen Hurrikan / ein Erdbeben ...
Seit 1985 ist mein Land eine Republik.

Ich bin mir nicht sicher, aber ich glaube, dass ...

Als meine Tochter geboren wurde, hat sich mein Leben verändert.
Nachdem ich ein Jahr in Deutschland gelebt hatte, habe ich mich langsam an das Leben gewöhnt.

2 Über Zeitabläufe berichten (Zusammenfassung)

zuerst	Zuerst habe ich Deutsch gelernt, das war nicht leicht.
am Anfang	Am Anfang war alles schwer für mich.
nach dem/der/den	Nach dem Deutschkurs / Nach den ersten Monaten wurde es leichter.
dann	Dann habe ich eine Elektrikerlehre gemacht und
danach	danach habe ich eine Stelle in einem Baumarkt bekommen.
anschließend	Anschließend bin ich noch einmal zur Schule gegangen.
später	Später habe ich mich immer wieder fortgebildet.
schließlich	Schließlich hatte ich meinen Meisterbrief als Elektriker.
zum Schluss	Zum Schluss war ich Meister.
am Ende	Am Ende habe ich eine Firma gegründet, die bis heute sehr gut geht.

3 Meinungen zu Europa äußern

Kasimir glaubt, dass Europa eine große Zukunft hat.
Olga betont, dass es viele Probleme gibt.
Wir finden, dass die Jugend in Europa ihre eigene Kultur entwickeln sollte.
Ich meine, dass es ein Vorteil ist, wenn man ohne Pass reisen kann.
Ich finde es einen Nachteil, dass/wenn ...

Es ist (nicht) gut, dass ...
Die EU ist eine gute Idee, aber ...
Der größte Vorteil/Nachteil ist für mich ...

Im Alltag EXTRA ▶ S. 130

Grammatik

1 Über die Vergangenheit sprechen: Präteritum und Perfekt

Im Deutschen kann man mit dem Perfekt über die Vergangenheit sprechen.

Mein Ururgroßvater ist aus Polen nach Deutschland gekommen. Er hat beim Aufbau der Industrie im Ruhrgebiet geholfen und ist in Deutschland geblieben.

In schriftlichen Texten findet man oft das Präteritum.

Die ersten „Gastarbeiter" kamen Ende des 19. Jahrhunderts nach Deutschland als polnische Arbeiter, die beim Aufbau der Kohle- und Stahlindustrie im Ruhrgebiet halfen. Viele blieben in Deutschland. Deshalb gibt es im Ruhrgebiet heute häufig polnische Familiennamen wie Grabowski oder Kowalski.

⚠ Bei *sein* und *haben* nimmt man fast immer das Präteritum.

2 Plusquamperfekt

Mit dem Plusquamperfekt berichtet man über Ereignisse, die vor anderen Ereignissen in der Vergangenheit passierten.

Das passierte **zuerst**.	Das passierte **danach**.
Nachdem ich meinen Schulabschluss (gemacht) (hatte),	(begann) ich eine Lehre als Elektriker.
Ich (hatte) meinen Schulabschluss (gemacht)	und (studierte) danach in den USA.
Nachdem man die Grenzen (geöffnet) (hatte),	(wurde) das Reisen viel leichter.

Das Plusquamperfekt
- bildet man mit *sein/haben* (konjugiert) und dem Partizip II vom Verb.
- nimmt man meistens in schriftlichen Texten.

Für *haben* oder *sein* gelten die gleichen Regeln wie beim Perfekt: *passieren, bleiben, sein* und Verben der Bewegung/Zustandsveränderung bilden das Plusquamperfekt mit *sein*, alle anderen mit *haben*.

3 Nebensätze mit *als* und *nachdem*

als

Zeitpunkt in der Vergangenheit	Das passierte:
Als ich 2010 nach Deutschland (kam),	(begann) ich sofort einen Deutschkurs.
Als ich in der Fabrik (arbeitete),	(lernte) ich meine Frau kennen.

nachdem

Das passierte **zuerst**.	Das passierte **danach**.
Nachdem die Mauer (gefallen) (war),	(konnten) die DDR-Bürger frei reisen.

Nachdem ich die Prüfung (bestanden) (hatte), (habe) ich eine Arbeitsstelle (gesucht).

Der Nebensatz kann auch nach dem Hauptsatz stehen.
Ich (habe) eine Arbeitsstelle (gesucht), **nachdem** ich die Prüfung (bestanden) (hatte).

29 Männer und Frauen

Lernziele

- über Beziehungen sprechen
- Gefühle äußern
- Gegensätze ausdrücken
- ein Konfliktgespräch führen
- Probleme benennen und Wünsche äußern

1 Liebe?

a Was fällt Ihnen zu „Liebe" ein? Finden Sie ein passendes Wort für jeden Buchstaben im Wort.

b Wählen Sie ein Bild aus. Beschreiben Sie die Situation und die Gefühle, die dazu passen. Die anderen raten, welches Bild es ist.

gern haben • sehr gern mögen • lieben • keine Worte finden • sich verlieben • den Verstand verlieren • sich aufeinander verlassen • gemeinsam alt werden • traurig • romantisch • es geht mir gar nicht gut • getrennt • es tut mir leid, dass ... • es tut mir weh, dass ... • enttäuscht • ich freue mich, dass ... • nervös • der Streit / streiten • sympathisch finden • die Enttäuschung • nicht mehr miteinander reden • rot werden • unterschiedliche Meinungen haben

Die beiden ...

Auf dem Foto sieht man ...

Er ...

Sie ...

Ⓑ

Ⓒ

Ⓓ

Ⓔ

2 Wie Anna und Michael sich kennenlernten

⊙ 1.34 **Hören Sie die Geschichte. Bringen Sie die Sätze in die richtige Reihenfolge.**

___ Erst als ich in Annas Büro zu tun hatte, kamen wir ins Gespräch.

___ Wir kennen uns seit über zwei Jahren, weil Michael häufig in meiner Firma zu tun hatte.

___ Aber Michael kann nicht nur erzählen, sondern auch gut zuhören.

___ Ich habe danach häufig bei Anna angerufen und gefragt, ob sie meine Hilfe braucht.

___ Obwohl Michael mit seiner Arbeit fertig war, ist er noch bei mir im Büro geblieben.

___ Bei unserem ersten Treffen habe ich Anna viel von mir erzählt, z. B. dass ich Vater bin.

___ Ich habe schnell gemerkt, dass er nicht nur wegen der Telefonanlage anruft, und mich mit ihm verabredet.

3 Liebenswürdigkeiten und Macken

a Über wen wird gesprochen: Anna oder Michael? Ergänzen Sie die Namen bzw. Personalpronomen.

① Also, _____ hat viele positive Eigenschaften, aber auch einige negative. Hm, was soll ich da so spontan sagen? Also, was mich wirklich immer ärgert, ist, dass _____ nie die Schranktüren zumacht. Nicht nur in der Küche, sondern auch in allen anderen Räumen vergisst _____ einfach, Türen und Schubladen zuzumachen. In der Küche stört mich das am meisten. _____ stört das überhaupt nicht. Wenn ich _____ das sage, lacht _____ nur.

② Was ich an _____ toll finde, ist, dass _____ so viel Humor hat. Man kann immer Spaß mit _____ haben, wirklich immer. Wenn ich mal so richtig niedergeschlagen bin, baut _____ mich auf, sowohl durch _____ Fähigkeit, zuzuhören, als auch durch einen lockeren Spruch. Mit _____ kann ich wirklich durch dick und dünn gehen. _____ ist 100-prozentig zuverlässig.

③ Ach, und da fällt mir noch ein, dass ich jedes Mal fast einen Herzinfarkt bekomme, wenn ich mit _____ Auto fahre. _____ fährt wie verrückt und meistens viel zu schnell. Dann sieht _____ weder Geschwindigkeitsbegrenzungen noch andere Verkehrszeichen. Wenn _____ noch mehr Strafzettel bekommt, dann ist bald _____ Führerschein weg. _____ sagt nur, dass das Quatsch ist. Zum Glück ist noch nichts passiert.

④ _____ ist leider ganz schrecklich unpünktlich, während ich sehr pünktlich bin. Man muss immer eine halbe Stunde mehr einkalkulieren, wenn man sich mit _____ verabredet. Das liegt meistens daran, dass _____ die Zeit nicht richtig einteilen kann. Entweder fällt _____ kurz davor etwas ganz Wichtiges ein, was _____ noch machen muss, oder _____ vergisst die Termine einfach und sie fallen _____ erst in letzter Sekunde ein. Das finde ich sehr nervig.

⊙ 1.35–38 **b Hören Sie zur Kontrolle. Waren Ihre Vermutungen richtig?**

4 Weder … noch …

a Markieren Sie in Aufgabe 3a die Sätze mit diesen Konjunktionen.

nicht nur …, sondern auch … • sowohl … als auch … • weder … noch … • entweder … oder …

1.39 **b Geburtstag – Hören Sie und schreiben Sie die Konjunktionen zu den Zeichnungen.**

Ⓐ 

Ⓑ 

Ⓒ 

c Schreiben Sie die Sätze zu Ende.

1. Anna gefällt sowohl Michaels Humor …
2. Anna mag weder Michaels Unpünktlichkeit …
3. Michael kann nicht nur erzählen, …
4. Anna fährt manchmal weder langsam …
5. Am Samstag kann man entweder ausruhen …
6. Macken können nicht nur nerven, …
7. Auf Partys kannst du sowohl Leute treffen …
8. Entweder schauen wir den Krimi an …

sondern auch
als auch
noch
oder

a) wir gehen ins Kino.
b) gut zuhören.
c) etwas mit anderen machen.
d) gut tanzen.
e) beachtet sie Verkehrszeichen.
f) seine Fähigkeit zuzuhören.
g) liebenswürdig sein.
h) seine Vergesslichkeit.

1f Anna gefällt sowohl Michaels Humor als auch seine Fähigkeit zuzuhören.

5 Macken

a Sammeln Sie im Kurs. Welche Macken finden Sie nervig, lustig oder sympathisch?

… singt immer in der Badewanne.
… trägt manchmal ganz verrückte Sachen.
… gibt alten Leuten Computerunterricht.
… verbessert immer mein Deutsch.
… Handy klingelt manchmal im Unterricht.
Wenn … etwas toll findet, sagt sie immer: „Supi!“
…

Das finde ich lustig.
Das finde ich nervig.
Das ist doch furchtbar.
Ich finde das sympathisch.
Ich finde das toll.
Das stört mich.

Mein Freund spielt immer mit seinem Handy. Das finde ich nervig.

b Macken-Hitparade – Was sind die drei sympathischsten und die drei nervigsten Macken?

6 Gegensätze ausdrücken – Nebensätze mit *während*

a Sammeln Sie Gegensätze im Kurs.

Branco hat sieben Geschwister.
Sofia ist ein Einzelkind.

Hamide arbeitet seit sieben Jahren.
Helena …

b Schreiben Sie mit Ihren Beispielen Sätze mit *während*.

Sofia ist ein Einzelkind, während Branco sieben Geschwister hat.
Während Hamide seit sieben Jahren arbeitet, hat Helena …

7 Wenn falsche Worte fallen – Killerphrasen

a Lesen Sie den Text. Welche Überschriften passen zu 1–4? Ordnen Sie zu.

___ Mann und Frau denken unterschiedlich.
___ Der Ton macht die Musik.
___ *Ich-Aussagen* verwenden, Wünsche äußern!
___ *Du/Sie-Aussagen* vermeiden.

Nie hörst du mir zu!

Manchmal ist das Miteinanderreden gar nicht so einfach. Aber man kann es lernen. Gerade in Konfliktsituationen können Sätze falsch ankommen und zu Missverständnissen führen. Daran sind besonders die „Killerphrasen" schuld, die garantiert zum Streit führen, z. B.: „Nie machen Sie …" oder „Immer sagst du …" und Ähnliches.

Was raten die Psychologen? Wir haben Dr. Verena Schleiermacher-Varnhagen gefragt.

1 Vermeiden Sie bei Konflikten Phrasen wie: „**Sie** sind …" oder „**Du** hast …" – Hier steckt ein Vorwurf drin und die Gesprächspartner fühlen sich angegriffen oder beschuldigt. Benutzen Sie auch keine Verallgemeinerungen: „Sie haben schon **immer** …" oder „**Niemals** tust du …!". Auch hier fühlt sich der Gesprächspartner provoziert und reagiert vermutlich mit Vorwürfen.

2 Sorgen Sie dafür, dass Ihr Partner / Ihre Partnerin Sie versteht. Sprechen Sie darüber, wie es Ihnen geht und was Sie empfinden. Erklären Sie Ihre Meinung und Ihre Wünsche. Wir nennen das „Ich-Aussagen".
Ein Beispiel: Sagen Sie nicht „**Du** sitzt jeden Abend vor dem Fernseher.", sondern „**Ich** möchte mal wieder ins Kino gehen."

3 Der Ton ist genauso wichtig wie der Text. Wer seinen Partner anschreit, darf sich nicht wundern, dass zurückgebrüllt wird.

4 Gerade im Gespräch zwischen Männern und Frauen kann es Missverständnisse geben: Wir sprechen zwar dieselbe Sprache, aber wir meinen oft etwas Unterschiedliches. Männer planen und organisieren mehr, während für Frauen Gefühle eine viel größere Rolle spielen.

b Lesen Sie die Textabschnitte 1–2 noch einmal und ordnen Sie dann die Aussagen.

1. Ich finde, / mal wieder / wir / ausgehen / sollten / .
2. Du / im Kopf / hast / nur Fußball / .
3. möchte / Ich / Ihnen erklären, / warum / mich / in der Firma / nicht wohlfühle / ich / .
4. mit deiner Arbeit / Du / verheiratet / bist / doch / .
5. muss / allein / ich / einkaufen / Immer / .
6. Ich / für uns / mehr Zeit / wünsche / mir / .
7. Du / geholfen / mir / hast / noch nie / in der Küche / .
8. Sie / einfach / zu / mir / nicht / hören / .

– In Konfliktsituationen vermeiden	+ In Konfliktsituationen benutzen
Du hast nur Fußball im Kopf.	Ich finde, wir sollten mal wieder ausgehen.

8 Streitgespräche

a Erfinden Sie einen Dialog zwischen einem Paar mit „Killerphrasen".

Du

nie/immer/dauernd / jeden Tag ...
zu viel Geld ausgeben
Wäsche aufhängen
sich um die Kinder kümmern
sich nur für Fußball interessieren
sich unterhalten
ins Kino gehen
verstehen/schreien/zuhören
dauernd telefonieren / SMS schreiben
zu spät kommen
Mutter immer da sein
zu viel arbeiten/einkaufen/fernsehen
nie kochen/aufräumen/putzen ...
spazieren gehen
im Internet surfen

b Spielen Sie den Dialog mit Ihrem Partner / Ihrer Partnerin. Achten Sie auch auf den „Ton".

c Wie sieht Ihr Dialog mit Ich-Aussagen aus? Schreiben und spielen Sie eine Variante.

Ich

wünsche mir, dass ...
möchte, dass ...
finde es gut, wenn ...
fühle mich manchmal ...
denke, dass ...
würde gern ...

9 Elterngeld

a Lesen Sie den Text. Welche Abbildung passt zu welchem Textabschnitt?

Ⓐ

Ⓑ

Ⓒ

Die meisten Menschen in Deutschland wünschen sich eine Familie als Lebensform. Damit Deutschland familienfreundlicher wird, hat die Bundesregierung 2007 das Elterngeld eingeführt. Es soll die finanzielle Situation von Familien verbessern und mehr Vätern die Möglichkeit geben, sich um ihre Kinder zu kümmern, damit die Frauen nach der Babypause schneller zurück in den Beruf können. Die Mutterschutzfrist von 14 Wochen ist aber weiterhin selbstverständlich (in der Regel sechs Wochen vor und acht Wochen nach der Geburt).

Das Elterngeld wird maximal 14 Monate gezahlt. Es beträgt zwei Drittel des letzten Nettoeinkommens, höchstens 1.800 Euro und mindestens 300 Euro. Beide Elternteile können die 14 Monate frei untereinander aufteilen. Ein Elternteil kann jedoch höchstens zwölf Monate das Elterngeld in Anspruch nehmen. Zwei weitere Monate bekommt der Partner, wenn er in dieser Zeit das Kind betreut. Die Politik fördert damit vor allem Paare, die sich die Erziehungsarbeit teilen.

Seit seiner Einführung am 1.1.2007 wird das neue Elterngeld immer beliebter – auch bei den Vätern. Am Anfang haben nur etwa 3,5 % aller Väter Anträge auf Elterngeld gestellt. Dieser Anteil ist bis heute auf 18 % gestiegen. Vor allem Väter aus Berlin und Bayern nehmen dieses Angebot gerne an. Die meisten Männer beantragen das Elterngeld aber nur für zwei Monate. Nur jeder fünfte Vater steigt für ein Jahr aus dem Berufsleben aus.

b Lesen Sie den Text noch einmal. Was passt zusammen?

1. Das Elterngeld hilft bei der Entscheidung:	___	a) werden von Männern gestellt.
2. Anträge auf Elterngeld	___	b) seit dem Jahr 2007.
3. 18 % der Anträge auf Elterngeld	___	c) Karriere machen und Familie gründen.
4. Eltern bekommen maximal 14 Monate	___	d) können Väter und Mütter stellen.
5. Die meisten Väter beantragen Elterngeld	___	e) bis zu 67 % des letzten Nettogehalts.
6. Das neue Elterngeld gibt es	___	f) für zwei Monate.

c Was halten Sie von einer „Babypause"? Diskutieren Sie im Kurs.

10 Die wichtigste Erfahrung meines Lebens!

1.40 **a Hören Sie das Interview und kreuzen Sie an: a, b oder c.**

1. Wie lange hat Herr Lehner seinen Sohn betreut?
   - a Ein Jahr.
   - b Bis zum achten Monat.
   - c Vier Monate.
2. Was sagt er über seine Babypause?
   - a Elternzeit ist Frauensache.
   - b Die wichtigste Erfahrung in seinem Leben.
   - c Er ist froh, wenn die Babypause vorbei ist.
3. Sollen alle Väter Elternzeit beantragen?
   - a Nein, auf keinen Fall!
   - b Ja, unbedingt!
   - c Herr Lehner hat keine Meinung dazu.
4. Wie waren die Reaktionen seiner Partner?
   - a Alle fanden seine Entscheidung gut.
   - b Einige fanden das richtig, andere nicht.
   - c Alle fanden die Entscheidung falsch.

b Kinderpflege, Babypause für Männer … – Wie ist das in Ihrer Heimat?

11 Nebensätze mit *bis* und *bevor*

Sie machen A, → **bis** Sie B machen.
Sie machen zuerst A, ← **bevor** Sie B machen.

Schreiben Sie Sätze wie in den Beispielen.

1. Rosa arbeitet als Informatikerin.	In sechs Wochen beginnt ihr Mutterschutz.
2. Ich warte im Besucherraum.	Ich sehe meine Tochter zum ersten Mal.
3. Es dauert fast eine halbe Stunde.	Endlich kommt das Taxi.

1. Rosa arbeitet als Informatikerin, bis …

4. Martin diskutiert lange mit Karin.	Er stellt einen Antrag auf Elterngeld.
5. Sie informieren Ihre Kollegen.	Sie gehen in Elternzeit.
6. Wir ziehen in die neue Wohnung.	Unsere Tochter kommt zur Welt.

4. Martin diskutiert lange mit Karin, bevor er einen …

12 Pro und Contra: Familie oder Beruf?

Notieren Sie Ihre Meinung zu den vier Thesen und diskutieren Sie im Kurs.

Kinder oder Karriere. Beides zusammen geht nicht.

Zuerst kommt der Beruf, dann die Familie.

Der Staat muss Familie und Beruf möglich machen.

Die Familie ist das Wichtigste im Leben.

Ich denke, Kinder brauchen …
Meiner Meinung nach können Frauen …
Ich glaube, Männer wollen …

Der Staat sollte …
Familien brauchen …
Wir müssen …

Auf einen Blick

Im Alltag

1 Gefühle äußern

Ich habe ihn/sie wirklich gern.
Ich mag ihn/sie sehr.
Ich finde ihn/sie wirklich sympathisch/nett.
Ich freue mich, dass …
Ich bin traurig, weil …
Ich bin sauer auf …
Es tut mir weh, dass …
Ich habe das Gefühl, dass …
Ich fühle mich immer/manchmal so …

2 Probleme benennen und Wünsche äußern

Du machst immer/nie …
Das ärgert mich! / Mich ärgert, dass/wenn …
Das stört mich! / Mich stört, dass/wenn …
Das nervt mich! / Mich nervt, dass/wenn …

Ich wünsche mir / möchte, dass …
Ich würde gern …
Es wäre gut/schön, wenn …
Können wir nicht …?

3 Ein Konfliktgespräch führen

Ich möchte mal wieder ausgehen und nicht nur fernsehen.
Ich habe das Gefühl, dass ich hier alles alleine machen muss.
Ich möchte, dass du mir hilfst.
Ich möchte, dass du mir zuhörst.
Warum versuchst du nicht, mich zu verstehen?

Ich sehe das anders.
Ich bin da anderer Meinung.
Das verstehe ich nicht.
Ich verstehe dich nicht.
Erklär mir doch bitte, warum …

4 Kompromisse schließen

Im Alltag EXTRA ▶ S. 132

Wollen wir nicht …?
Wir könnten doch …
Was hältst du davon, wenn wir …?
Wie wäre es, wenn …?

Ich habe einen Vorschlag: …
Ich verstehe, dass du …, aber …
Ich kann dich/Sie verstehen, aber …

Grammatik

1 Zweigliedrige Konjunktionen

+ positive Aufzählung +	– negative Aufzählung –
natürlich das eine, aber auch noch das andere **nicht nur …, (sondern) auch**	das eine nicht, aber auch das andere nicht **weder … noch**
das eine und das andere **sowohl … als auch**	→ Alternative ← das eine oder das andere **entweder … oder**

- ● Meine Mutter mag **sowohl** Rot **als auch** Gelb. Das sind ihre beiden Lieblingsfarben. Ich nehme **nicht nur** rote, **sondern auch** gelbe Rosen. Ich kaufe ihr einen gemischten Strauß.
- ○ Ich würde **weder** rote **noch** gelbe Rosen kaufen. Oder willst du sie heiraten?
- ● Gut, dann kaufe ich ihr doch keine Rosen. Ich nehme **entweder** Tulpen **oder** Sonnenblumen.

2 Nebensätze mit *während* als Gegensatz

Anna ist sehr **pünktlich**.	Michael ist schrecklich **unpünktlich**.
Während Anna sehr pünktlich (ist),	(ist) Michael schrecklich unpünktlich.
Anna (ist) sehr pünktlich,	**während** Michael schrecklich unpünktlich (ist).

⚠ Mit *während* kann man auch sagen, dass zwei Dinge zur gleichen Zeit stattfinden.
Während Anna die Wohnung aufräumt, macht Michael das Mittagessen.

3 Temporale Nebensätze mit *bis* und *bevor*

Sie machen **A**,	→ **O** BIS	zum Zeitpunkt **B**.
Ich (arbeite),		**bis** die Babypause (kommt).
Sie machen zuerst **A**,	← BEVOR	**B** passiert.
Martin (diskutiert) lange mit Karin,		**bevor** er einen Antrag (stellt).

Wortbildung

1 Personenbezeichnungen aus Verben

	VERB + er	**VERB + er + in**
fahren	**der** Fahr**er**	**die** Fahrer**in**
Auto fahren	**der** Autofahr**er**	**die** Autofahrer**in**
lieb haben	**der** Liebhab**er**	**die** Liebhaber**in**

2 Verkleinerungsformen (Diminutive)

	das **-chen**	das **-lein**
der Mann	das Männ**chen**	das Männ**lein**
die Blume	das Blüm**chen**	das Blüm**lein**
das Herz	das Herz**chen**	das Herz**lein**

*-**chen** und -**lein** machen alles klein!*

30 Krankenhaus

▶ Innere Medizin	▲ Chirurgie
▶ HNO	▲ Zahn-, Mund-, Kieferklinik
▲ Kinderklinik	▶ Gynäkologie
◀ Anästhesie	▶ Orthopädie
◀ Radiologie	▶ Notfallambulanz

Ⓑ

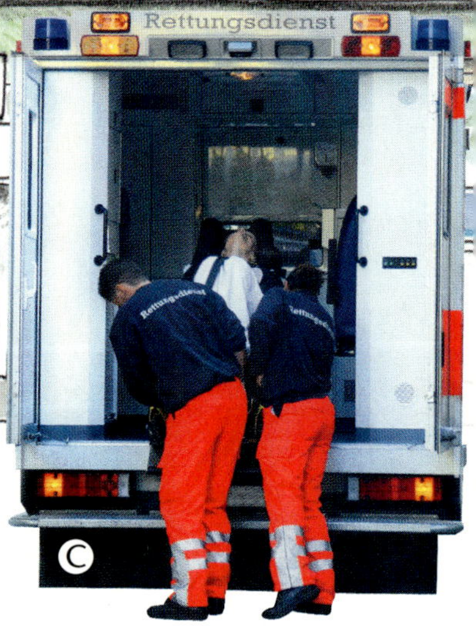

Lernziele

- einen Notfall melden
- ein Gespräch mit dem Arzt / der Ärztin führen
- ein Konfliktgespräch führen
- über Pflegeberufe sprechen

1 Im Krankenhaus

a Welche Wörter passen zu den Bildern A–G?

das Aufnahmeformular • die Schmerzen • die Diagnose • der Chefarzt • Blumen mitbringen • die Diät • verletzt • die Station • die Stationsärztin • Medikamente bekommen • die Versichertenkarte • die Untersuchung • die Besucher • die Narkose • das Blut • die Visite • das Pflegebett • der Notarzt • der Befund • die Entbindung • der Rettungsassistent • die Lebensgefahr • die Patienteninformation • das Tablett • die Operation • die Notaufnahme • das Unglück • die Unfallstation

b Sammeln Sie weitere Wörter zu den Begriffen.

Patienten: warten, die Untersuchung

Krankenhauspersonal: die Krankenschwester

c Beschreiben Sie eine Situation zu einem von den Bildern.

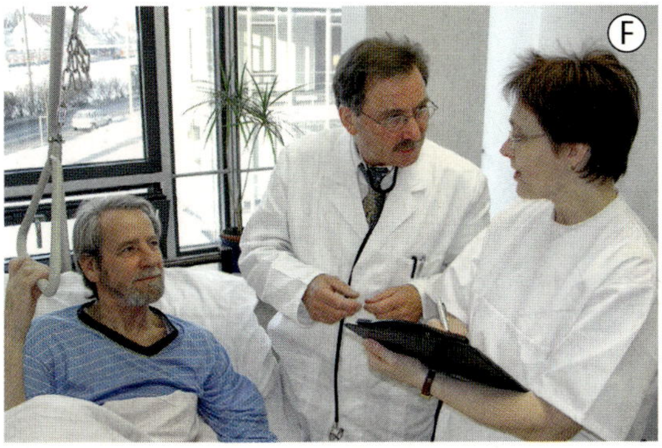

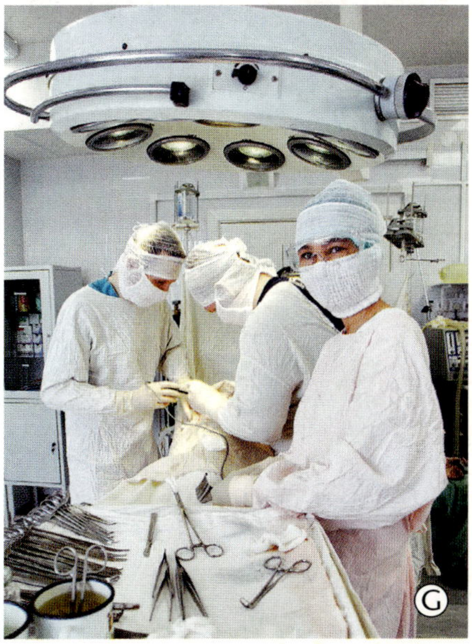

2 Ein Notruf

1.41 **a Hören Sie. Was ist passiert?**

b Hören Sie die Meldung noch einmal und bringen Sie die Fragen in die richtige Reihenfolge.

___ Wie ist Ihre Telefonnummer?

___ Wie ist Ihr Name?

___ Was genau ist passiert?

___ Wo ist der Unfall genau passiert?

___ Wann ist der Unfall passiert?

___ Welche Verletzungen hat Ihr Mitarbeiter? Ist er ansprechbar?

___ Gibt es noch mehr Verletzte?

c Notieren Sie wichtige Informationen für den Rettungsdienst.

Wer ruft an? Herr Kölmel. Was ...?

d Wählen Sie einen Notfall. Spielen Sie einen Notruf.

1. Eine alte Dame ist auf der Straße gestürzt.
2. Ihr Kind hat sich mit einem Messer verletzt.
3. Sie haben starke Schmerzen in der Brust.
4. Ein Fahrradfahrer ist gestürzt.

3 Das Aufnahmegespräch

a Ordnen Sie die Äußerungen von Herrn Schiller dem Arzt zu.

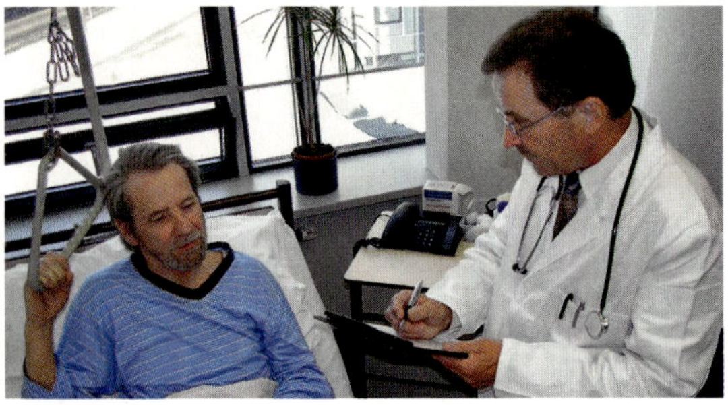

Arzt

1. Haben Sie Schmerzen? Wo? ___
2. Können Sie den Arm bewegen? ___
3. Ist Ihnen schlecht? ___
4. Wir müssen Sie erst einmal röntgen. Wann wurden Sie das letzte Mal geröntgt? ___
5. Hatten Sie schon einmal eine Operation? ___
6. Vielleicht. Nehmen Sie Medikamente ein? ___
7. Das kann ich noch nicht genau sagen. ___

Herr Schiller

a) Das ist schon lange her, vielleicht 12 Jahre.
b) Ja, mein Kopf tut sehr weh und ich habe starke Schmerzen im Arm.
c) Ja, ein bisschen.
d) Ich nehme nur ab und zu eine Kopfschmerztablette. Wie lange muss ich im Krankenhaus bleiben?
e) Hoffentlich kann ich bald wieder nach Hause.
f) Nicht so gut. Er tut schrecklich weh.
g) Nur eine Zahnoperation. Müssen Sie mich operieren?

⊙ 1.42 **b Hören Sie und vergleichen Sie Ihre Ergebnisse.**

c Welche Fragen könnte Herr Schiller noch stellen?

1. Gips?
2. wieder Fußball spielen – wann?

...

1. Bekomme ich einen Gips?

d Spielen Sie das Gespräch zwischen dem Arzt und dem Patienten.

4 Ich bin im Krankenhaus.

⊙ 1.43 **a Paul Schiller ruft seine Frau Doris an. Hören Sie und kreuzen Sie an: richtig oder falsch?**

	R	F
1. Doris soll die Versichertenkarte, den Impfpass und den Personalausweis mitbringen.	☐	☐
2. Paul braucht noch eine Einweisung vom Hausarzt Dr. Pröll.	☐	☐
3. Doris soll den Bademantel und die Motorrad-Zeitschrift mitbringen.	☐	☐
4. Paul hat sein Handy dabei, aber er darf es nicht benutzen.	☐	☐
5. Für den Fernseher benötigt man eine Karte, die man in der Aufnahme kaufen kann.	☐	☐
6. Doris darf nur zu den Besuchszeiten zu Besuch kommen.	☐	☐
7. Die Ärzte wollen einige Routineuntersuchungen machen und Paul dann entlassen.	☐	☐

b Schreiben Sie einen Notizzettel für Pauls Tochter Silvie. Was ist passiert? Was soll Silvie tun?

Liebe Silvie!
Papa ist...

c Waren Sie schon einmal im Krankenhaus? Erzählen Sie.

Ich wurde vor zwei Jahren operiert. Da ...

Ich war noch nie selbst im Krankenhaus, nur zu Besuch.

5 Packen für's Krankenhaus

a Sammeln Sie Dinge, die Sie ins Krankenhaus mitnehmen. Machen Sie eine Rangliste.

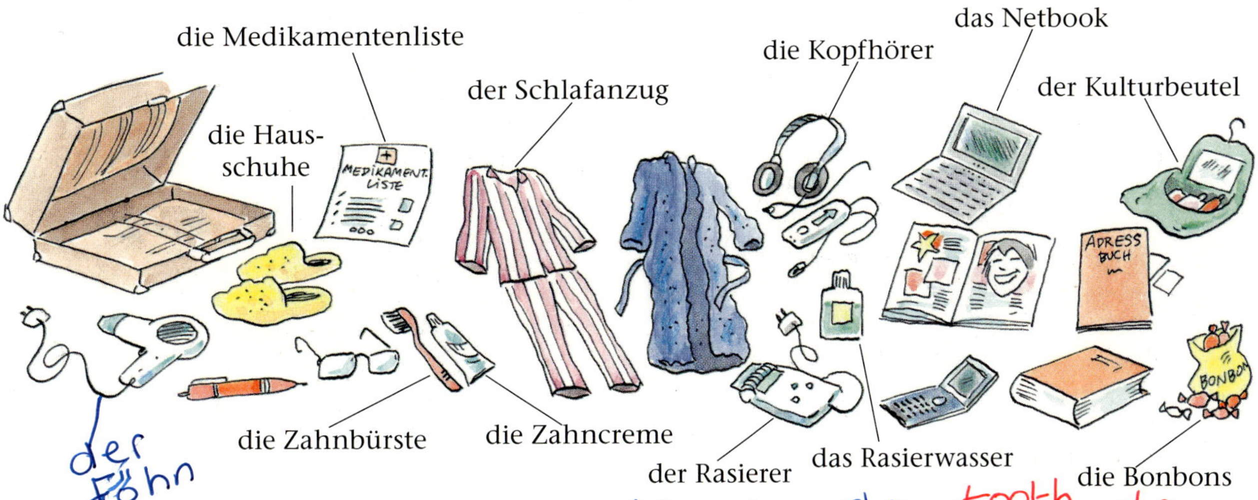

b Koffer packen – ein Kettenspiel

In meinem Koffer ist ein Föhn.

In meinem Koffer sind ein Föhn und eine große Tüte Gummibärchen.

In meinem Koffer sind ein Föhn, eine große Tüte Gummibärchen und mein …

6 Einen Konflikt aushandeln

a Lesen Sie die Rollenvorgaben und überlegen Sie Lösungsmöglichkeiten für den Konflikt.

Patient/in 1 ist frisch operiert. Er/Sie braucht Ruhe, kann aber nicht gut schlafen und kann sich nicht erholen. Sein Bettnachbar / Ihre Bettnachbarin telefoniert viel und der Fernseher ist zu laut. Er/Sie möchte in ein anderes Zimmer wechseln.

Es ist immer so laut hier.
Ich kann nicht … Ich brauche …
… ausruhen und erholen.
Könnten Sie? …

Patient/in 2 liegt schon lange im Zimmer. Er/Sie darf nicht aufstehen. Ihm/Ihr ist langweilig, deshalb telefoniert er/sie viel. Er/Sie schaut zu Hause auch immer viel fern und kann nicht darauf verzichten.

Ich bin … Ich darf nicht …
… langweilig. Zu Hause …
Vielleicht können Sie …?
Entschuldigen Sie bitte.
Ich wusste nicht, dass …

Die **Schwester** bietet Patient/in 1 eine Schlaftablette an. Leider ist kein anderes Bett in einem Mehrbettzimmer frei. Für ein Einzelzimmer muss er/sie privat dazuzahlen. Sie bittet Patient/in 2, Rücksicht auf Patient/in 1 zu nehmen. Sie sagt, dass es doch eine Lösung geben muss. Sie hofft, dass sich die beiden einigen.

Ich gebe Ihnen gerne …
Leider gibt es …
Ein Einzelzimmer …
Bitte nehmen Sie …
Sie können sich bestimmt einigen.

Wir finden eine Lösung …

Ich habe einen Vorschlag: …

Frau/Herr … könnte doch …

Was halten Sie davon: …?

b Wählen Sie eine Rolle aus. Machen Sie Notizen und spielen Sie zuerst den Dialog zwischen den beiden Patienten und dann den Dialog mit der Schwester.

c Welche Konflikte kann es noch im Krankenhaus geben? Sprechen Sie im Kurs.

7 Gesundheitsberufe

a Überlegen Sie: Welchen Gesundheitsberuf könnte die Person haben, die das sagt?

Ⓐ *Lassen Sie den rechten Arm locker hängen und ziehen Sie das linke Bein an.*

Ⓑ *Sag mal „Ahhh"!*

Ⓒ *Dr. Schneider kommt gleich. Ich messe erst einmal Ihren Blutdruck.*

Ⓓ *Schauen Sie an meinem rechten Ohr vorbei.*

b Lesen Sie die Texte. Welche Aussagen von oben passen?

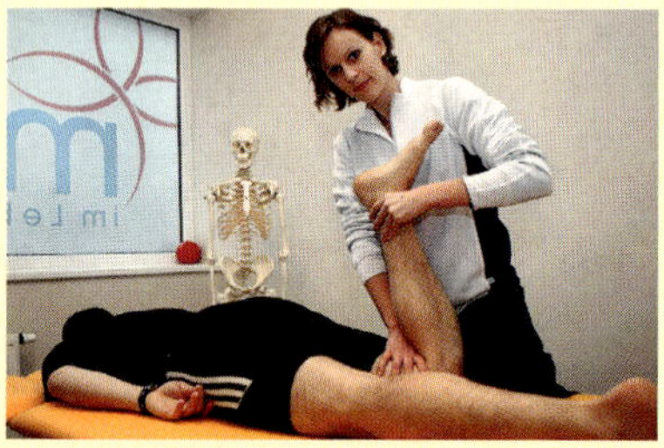

Katia Schulz, Physiotherapeutin

Ich bin Physiotherapeutin. Früher nannte man das Krankengymnastin. Ich helfe Menschen, die sich nicht gut bewegen können. Das ist ein Beruf, für den man fit sein muss. Und man muss sich ständig weiterbilden. Manche Kollegen spezialisieren sich auf alte Menschen, andere auf Kinder, manche auf die Behandlung nach einer Operation. Man kann in einer Klinik, in einem Altenheim, oder auch in einem Wellnesshotel arbeiten. Ich arbeite in einer Praxis, in der man intensiven Kontakt zu den Patienten hat. Was man verdient, ist von Ort zu Ort verschieden. Ich wohne leider in einer Stadt, in der man vom Gehalt als Physiotherapeutin kaum leben kann.

Paolo Milano, Kinderarzt

Die Klinik, in der ich arbeite, ist auf Tumorerkrankungen bei Kindern spezialisiert. Ich finde es toll, wenn wir einem schwer kranken Kind helfen können. Klar habe ich auch Momente, in denen es schwierig ist. Manche Eltern sehen nur ihr eigenes Kind. Sie begreifen nicht, dass es auch andere kranke Kinder gibt, und haben wenig Geduld. Und es gibt Tage, an denen die Arbeitsbelastung unglaublich hoch ist. Ich habe ja auch oft Nachtdienst. Da will ich am nächsten Tag nur noch ins Bett. Trotzdem: Ich habe einen Beruf, mit dem ich etwas Sinnvolles tun kann. Das ist, was für mich zählt.

c Lesen Sie die Texte noch einmal und kreuzen Sie an: Was ist richtig?

- ☐ 1. Frau Schulz arbeitet in einer Klinik in einem großen Team.
- ☐ 2. Physiotherapeuten verdienen in allen deutschen Städten ungefähr gleich viel.
- ☐ 3. Frau Schulz kann von ihrem Gehalt nicht sehr gut leben.
- ☐ 4. Die Klinik, in der Herr Milano arbeitet, ist auf Kinderkrankheiten spezialisiert.
- ☐ 5. Herr Milano hat immer viel Verständnis für ungeduldige Eltern.
- ☐ 6. Herr Milano sagt, dass die Arbeit sehr anstrengend ist.

8 Vorteile und Nachteile

1.44 **a Hören Sie und notieren Sie. Was mag Niko an seiner Arbeit, was mag er nicht?**

+	–
Die Arbeit ist nicht langweilig.	Der Beruf ist nicht einfach, weil ...

b Wählen Sie einen Gesundheitsberuf. Was finden Sie an diesem Beruf für sich selbst positiv und was problematisch? Schreiben Sie jeweils fünf Punkte auf.

9 Etwas genauer sagen

a Lesen Sie noch einmal die Texte in 7b. Wie werden die Sätze verbunden? Sammeln Sie.

Hauptsatz	Nebensatz	Hauptsatz
Ich helfe Menschen,	die sich nicht gut (bewegen) (können).	
Die Klinik,	in der ich (arbeite),	ist auf ... spezialisiert.

b Ordnen Sie die Relativsätze zu.

1. Auf Station 4A liegt die Patientin, ___ a) der allergisch gegen Antibiotika und Gräser ist.
2. Diese Diät bekommt der Patient, ___ b) nach der der Arzt gefragt hat.
3. Wir haben viele kleine Patienten, ___ c) von dem ich erzählt habe.
4. Hier liegt der Patient, ___ d) mit denen wir spielen.

c Ergänzen Sie die Präpositionen und Relativpronomen.

- ● Ich warte auf den Arzt.
- ○ Ist das dort der Arzt, auf den du wartest?
- ● Ich habe Angst vor der Untersuchung.
- ○ Ich komme mit zu der Untersuchung, ___ ___ du Angst hast.
- ● Ich bin gegen einige Medikamente allergisch.
- ○ Kennen Sie die Medikamente, ___ ___ Sie allergisch sind?
- ● Ich fühle einen Druck im Magen.
- ○ Haben Sie den Druck, ___ ___ Sie sprechen, schon lange?
- ● Ich kann ohne Ohrstöpsel nicht schlafen.
- ○ Hast du die Ohrstöpsel, ___ ___ du nicht schläfst, eingepackt?

Relativpronomen

der Patient,	der ... (N) über den ... (A) von dem ... (D)
die Patientin,	die ... (N) für die ... (A) zu der ... (D)
das Bett,	das ... (N) für das ... (A) mit dem ... (D)
die Kinder,	die ... (N) ohne die ... (A) bei denen ... (D)

d Schreiben Sie Relativsätze.

1. Es gibt im Krankenhaus ein Café. In dem Café kann man auch etwas Warmes essen.
2. Der Krankengymnast ist heute noch nicht gekommen. Ich habe dir von ihm erzählt.
3. Im Zimmer gibt es ein Telefon. Für das Telefon braucht man eine Chipkarte.
4. Die Nachtschwester kommt erst später. Ich bekomme eine Schlaftablette von ihr.

Es gibt im Krankenhaus ein Café, in dem man ...
Der Krankengymnast, vom dem ich dir erzählt habe, ist ...

e Schreiben Sie Definitionen. Zerschneiden Sie sie und mischen Sie die Elemente. Setzen Sie dann wieder sinnvolle Sätze zusammen.

der Schlafanzug • die Versichertenkarte • der Altenpfleger • das Pflegebett • die Arbeitszeit • die Diät • die Hausschuhe • die Zahncreme • der MP3-Player • das Netbook ...

Ein Schlafanzug ist ein Kleidungsstück, | in dem man schläft.

Die Versichertenkarte ist eine Karte, | ohne die man nicht zum Arzt gehen kann.

Wir bekommen ein Kind!

10 Tempo! Tempo!

a Welche Wörter und Ausdrücke passen zu den Bildern? Notieren Sie.

das Beruhigungsmittel – gemeinsam erleben – Schwangerschaftsgymnastik machen – auf die Welt kommen – hektisch – sich aufregen – der Säugling – schwanger – die Geburt – nervös – sich entspannen – glücklich – die Spielzeugabteilung – Schmerzen haben – ohnmächtig werden – die Entbindungsstation – die Wehen kommen – sich Sorgen machen – die Hebamme – Spielsachen kaufen

b Was passiert? Erzählen Sie.

c Lesen Sie die Textabschnitte. Welches Bild passt zu welchem Textabschnitt? Wer spricht? Wer ist die Hauptperson?

1 Große Aufregung! Eben hat Tanja angerufen. Es ist so weit! Ich rase aus dem Büro. Wo bleibt der Bus? Endlich! Tempo, Tempo! – Die Tasche für das Krankenhaus haben wir schon vor Wochen gepackt. Wo bleibt das Taxi? Vorsichtig, mein Schatz! Warte, ich helfe dir! Zieh den Mantel an! Das Taxi ist da. Mann, fahr schneller! Soll denn mein Kind im Taxi auf die Welt kommen? ☐

2 Ich glaube, das ist alles ein bisschen viel für ihn. Er sieht ganz blass aus. Der Arme regt sich auf, weil ich solche Schmerzen habe. Dabei ist das doch eine normale Geburt. Geh doch einen Augenblick an die frische Luft, Schatz ... Oh je, jetzt ist er ohnmächtig geworden! ☐

3 Aus dem Weg! Wo ist die Entbindungsstation? Ah, hier ist ein freier Rollstuhl. Setz dich, mein Schatz, ich fahre dich ... Jetzt will sie auch noch selbst laufen. Schwangere Frauen sind verrückt! ... Das Zimmer ist sehr hell und freundlich. Tanjas Wehen kommen immer schneller. Komisch, meine Beine sind so weich wie Pudding und mir ist schwindelig, mein Kreislauf ... Wo bin ich? Ja, was wollen Sie? Wo ist Tanja? ... Was ist passiert? Die Hebamme hat mir zu meiner Tochter gratuliert ... Ich bin wohl ohnmächtig geworden. Die Hebamme sagt, sie hat mir ein Beruhigungsmittel gegeben und ich habe ein paar Stunden geschlafen. ☐

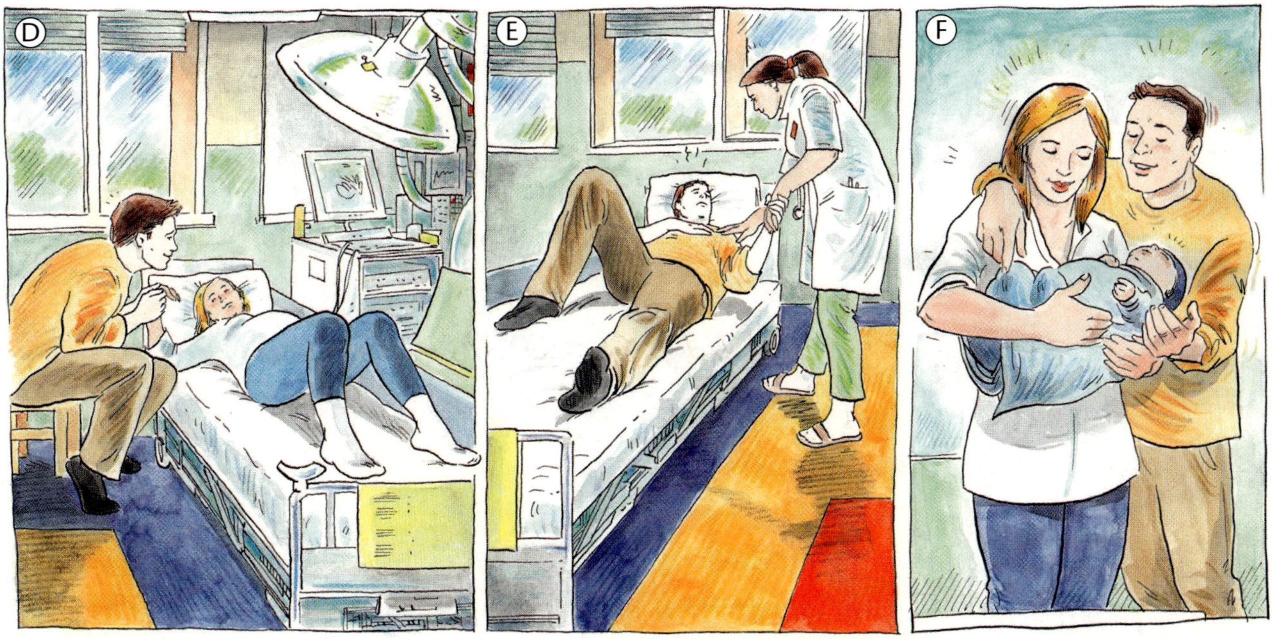

4 Wir haben uns gut auf die Geburt vorbereitet. Jeden Dienstag- und Donnerstagabend waren wir zusammen bei der Schwangerschaftsgymnastik. Wir haben auf weichen Decken auf dem Boden gelegen. Die Hebamme hat ruhige Musik gespielt. Sie hat mit sanfter Stimme gesprochen. Ich konnte alles über die Wehen und die Geburt lernen. Aber Oskar war so müde von seiner Arbeit und ist oft fast eingeschlafen. ☐

5 War das ein Stress! Ich habe zwei Tage zur Erholung gebraucht, dann habe ich mit ein paar Freunden gefeiert. Heute kann ich Tanja endlich aus der Klinik abholen. Tanja und das Baby sind gesund und munter. Sie sehen beide toll aus. Ich habe immer noch ein bisschen Kopfweh. ☐

6 Ich bin schwanger, aber doch kein rohes Ei! Immer dieses „Vorsicht, Schatz!“, „Warte, Schatz.“, „Nicht so schnell, Schatz!“. Er ist sehr nervös und macht sich Sorgen um mich. Und er freut sich riesig auf das Baby. Seit Wochen geht er jeden Tag nach der Arbeit ins Kaufhaus. Er kauft Spielsachen. Wir haben schon drei Teddybären und sogar ein Dreirad! Und erst die Kleider! Er kauft kleine Jeans, T-Shirts, Turnschuhe … Gut, dass ich Babysachen von meiner Schwester bekommen habe. ☐

d Beantworten Sie die Fragen.

1. Warum geht Oskar so oft ins Kaufhaus?
2. Will Tanja, dass ihr Mann bei der Geburt dabei ist?
3. Warum will Oskar bei der Geburt dabei sein?
4. Was passiert in der Schwangerschaftsgymnastik?
5. Wie reagiert Oskar am Tag der Geburt?
6. Was passiert mit ihm?

e Meinungen im Kurs – Diskutieren Sie über die vier Thesen. Überlegen Sie sich Vor- und Nachteile für jede These.

Männer bei der Geburt? Das müssen die Frauen entscheiden!
Männer gehören nicht ins Entbindungszimmer.
Die Geburt sollte man gemeinsam erleben.
Väter haben ein Recht darauf, bei der Geburt ihres Kindes dabei zu sein.

Warum können Männer/Frauen nicht auch …?	Das ist Unsinn. / Das stimmt.
Früher war das vielleicht so, aber heute …	Ich finde nicht, dass …
Das kommt darauf an.	Ich meine aber, …

Auf einen Blick

Im Alltag

1 Beim Arzt / Im Krankenhaus

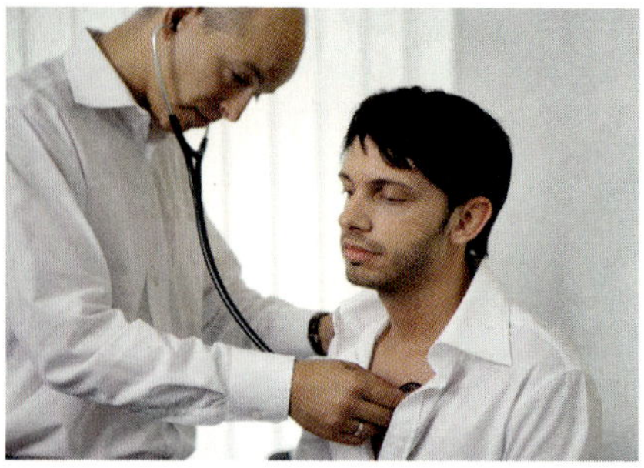

Arzt/Ärztin	Patient/Patientin
Was für Beschwerden haben Sie? Was genau tut Ihnen weh?	Ich habe Probleme beim … Ich habe Schmerzen im Arm/Magen/… Ich habe starkes Herzklopfen. Ich kann … nicht bewegen. Ich bin sehr nervös und schlafe schlecht. Mir ist oft schlecht/kalt/schwindelig …
Haben Sie Kreislaufprobleme? Seit wann haben Sie die Beschwerden? Brauchen Sie eine Bescheinigung für den Arbeitgeber?	Mein Kreislauf/Blutdruck … Schon seit … Tagen/Monaten. Ja, ich will mich krankmelden. Ich brauche eine Krankschreibung.
Wie heißt Ihr Hausarzt? Hatten Sie schon einmal eine Operation? Wann waren Sie das letzte Mal im Krankenhaus?	Das ist Dr. … Nein. / Ja, ich hatte eine Operation am Auge/Knie/… 2009. / Das weiß ich nicht mehr. / Ich war noch nie im Krankenhaus.
Haben Sie eine Allergie? Nehmen Sie Medikamente? Sind Sie gegen Tetanus/Grippe … geimpft?	Nein. / Ich weiß es nicht. / Ja, gegen Antibiotika/Gräser/… Nein. / Ja, ich nehme regelmäßig … Nein. / Ja, gegen … Das war 2010.
Hier ist der Bericht für Ihren Hausarzt.	

2 Ein Konfliktgespräch führen

Was ist das Problem? Was genau meinen Sie / meinst du? Was möchten Sie / möchtest du? Was erwarten Sie / erwartest du?	Ich habe ein Problem mit … / Mein Problem ist, dass … Ich fühle mich … / Es geht mir um … Ich hätte gerne … / Ich brauche … Für mich ist … wichtig.
Da finden wir bestimmt eine Lösung. Was können wir tun?	Ich sehe (noch) keine. / Ja, es gibt sicher eine. Vielleicht könnten wir / könntest du / könnten Sie … Was halten Sie davon, dass/wenn …?
Ich habe einen Vorschlag: … Wie finden Sie das? Entschuldigen Sie bitte. Es tut mir wirklich leid.	Ich glaube, das bringt uns (noch nicht) weiter. Das finde ich nicht so gut. / Das ist eine gute Idee. Schon gut. Gut, dass wir darüber geredet haben.

3 Notruf

Bitte halten Sie sich bei Ihrer Meldung an diese Reihenfolge:

Wer	meldet?
Wo	ist etwas passiert?
Was	ist passiert?
Wie viele	Personen sind verletzt?
Welche	Art der Erkrankung/Verletzung liegt vor?
Warten	auf Rückfragen.

Im Alltag EXTRA ▶ S. 134

Notruf

	D	A	CH
Zentraler Notruf	112	112	112
Polizei	110	113	117
Feuerwehr	112	122	118
Notarzt	112	144	144

Grammatik

1 Nebensätze: Relativsätze

Hauptsatz 1	Hauptsatz 2	
Das ist Schwester Sandra.	Sie (N) hat heute Nachtdienst.	
Schwester Sandra ist Stationsschwester.	Sie (N) bringt die Medikamente.	
Hauptsatz (Teil 1)	**Nebensatz mit Relativpronomen**	**Hauptsatz (Teil 2)**
Das ist Schwester Sandra,	**die** heute Nachtdienst hat.	
Schwester Sandra,	**die** die Medikamente bringt,	ist Stationsschwester.

Ein Relativsatz erklärt ein Nomen im Hauptsatz. Er beginnt mit einem Relativpronomen.
Das Relativpronomen steht im gleichen **Genus** wie das Nomen (Bezugswort).
Der **Kasus** (N, A, D) richtet sich nach dem Verb im Nebensatz.

2 Relativsätze im Nominativ, Akkusativ, Dativ

	Hauptsatz (Teil 1)	Nebensatz mit Relativpronomen	Hauptsatz (Teil 2)
N	Der Arzt,	**der** heute auf der Station ist,	ist neu.
A		über **den** du dich geärgert hast,	
D		mit **dem** du dich gut verstehst,	
N	Das Medikament,	**das** du nehmen sollst,	ist bestellt.
A		auf **das** du wartest,	
D		von **dem** du erzählt hast,	
N	Die Patientin,	**die** neu auf Zimmer 3 liegt,	bekommt Besuch.
A		über **die** sich Frau Blum beschwert hat,	
D		mit **der** ich mich unterhalten habe,	
N	Die Ärzte,	**die** bei der Visite waren,	arbeiten in einem Team.
A		auf **die** du wartest,	
D		mit **denen** du gesprochen hast,	

3 Relativpronomen: Deklination

	Maskulinum	Neutrum	Femininum	Plural
N	der	das	die	die
A	den	das	die	die
D	dem	dem	der	**denen**

Die Relativpronomen sind gleich wie die bestimmten Artikel.

⚠ Ausnahme: *denen* im Dativ Plural.

Wortbildung

Substantivierung

Verb → Nomen	einnehmen →	**das E**innehmen	Das Einnehmen von Medikamenten ist wichtig.
Adjektiv → Nomen	gesund →	**das G**esunde	Das Gesunde im Obst sind die Vitamine.

Substantivierte Verben und Adjektive schreibt man groß. Substantivierte Verben stehen immer mit dem Artikel *das*: Das Gehen fällt mir schwer. • Das Fliegen wird immer teurer.

❶ Wiederholungsspiel – Punkte sammeln

Sie brauchen:
Spielfiguren und einen Würfel.
Es spielen:
Zwei Spieler/innen oder zwei Gruppen.
Ziel des Spiels:
Möglichst viele Punkte sammeln.

Regeln:
1. Sie beginnen bei „Start". Würfeln Sie und ziehen Sie Ihre Spielfigur. Sie dürfen vorwärts oder rückwärts ziehen.

2. Auf den Aufgabenfeldern müssen Sie eine Aufgabe mit der entsprechenden Nummer lösen. Sie können zwischen Gelb, Grün und Blau wählen. Blaue Aufgaben bringen 3 Punkte, grüne 2 und gelbe 1 Punkt. Wenn Sie die Aufgabe falsch lösen, bekommen Sie Minuspunkte: 3, 2 oder 1.

Aufgaben, die schon gelöst sind, werden gestrichen.

3. Jede Aufgabe darf nur einmal gelöst werden. Wenn es keine Aufgabe mit dieser Nummer mehr gibt, dann bleiben Sie auf dem Feld stehen. Sie warten bis zur nächsten Runde.

4. +2 oder –2: Sie bekommen oder verlieren 2 Punkte.

Wer zuerst ins Ziel geht, bekommt 5 Extrapunkte.
Sieger ist, wer die meisten Punkte hat.

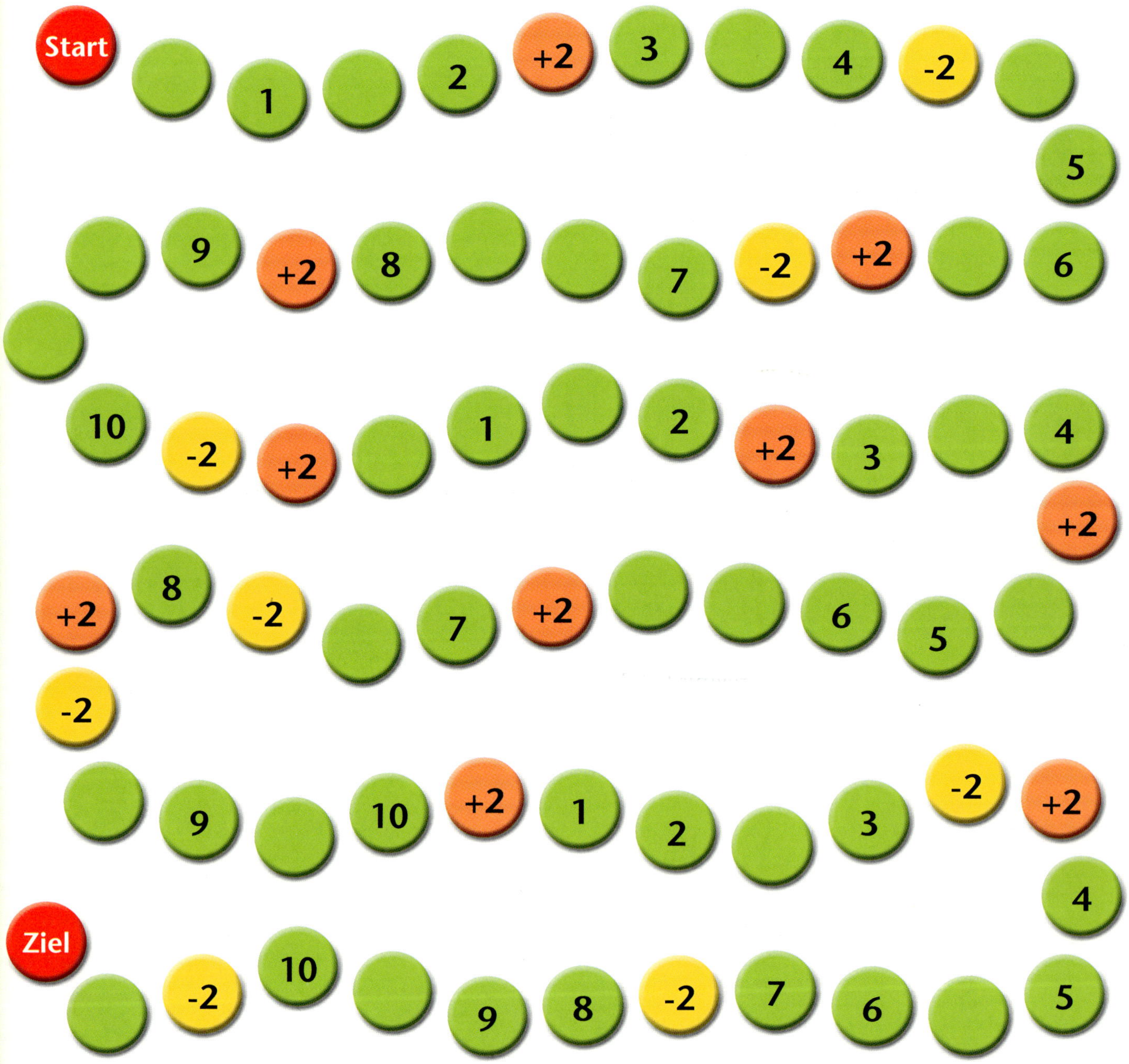

1 Punkt

① Ergänzen Sie: Carl Benz hat 1886 … gebaut.
② Die DDR hat am 9. November 1989 in Berlin … geöffnet.
③ Wie heißen die Formen im Präteritum: ich sage – …; er macht – …; es dauert – …?
④ Wie heißen die Formen im Präteritum: ich gehe – …; sie kommt – …; wir bleiben – …?
⑤ Nennen Sie fünf Wörter zum Thema „Liebe".
⑥ Wie heißt das Gegenteil: pünktlich – …; lustig – …; sympathisch – …?
⑦ Wie heißen die Wörter: 50 % = die H…, 33,3 % = ein D…, 25 % = ein V…?
⑧ Verbinden Sie mit einer zweiteiligen Konjunktion:
Sie kann nicht tanzen, sie kann nicht singen.
⑨ Nennen Sie zehn Wörter zum Thema „Gesundheit und Krankheit".
⑩ Verbinden Sie die Sätze (Relativsatz):
Es gibt Besuchszeiten. An die Besuchszeiten muss man sich halten.

2 Punkte

① Was ist in diesen Jahren passiert: 1939, 1945?
② Machen Sie zwei Sätze im Präteritum: (1) ab 1955 / viele Gastarbeiter / kommen
(2) ein paar Jahre lang / in Deutschland / arbeiten / wollen
③ Ergänzen Sie: Nachdem ich die Schule … (beenden), …
④ Zur gleichen Zeit – Bilden Sie den Satz mit der passenden Konjunktion:
Olga / 22 / werden – nach Deutschland / gehen / sie
⑤ Was war zuerst? Bilden Sie den Satz mit der passenden Konjunktion:
die Berliner Mauer fallen – die DDR-Bürger frei reisen können
⑥ Erste Liebe – Ergänzen Sie die Ausdrücke: rot … – keine Worte … – den Verstand …
⑦ Ergänzen Sie den Satz: Mich stört, wenn …
⑧ Verbinden Sie mit einer zweiteiligen Konjunktion: sie / können / tanzen / singen
⑨ Nennen Sie drei Dinge, die Sie ins Krankenhaus mitnehmen würden. Begründen Sie.
⑩ Der Patient stellt zwei Fragen: (1) wie lange / ich / im Krankenhaus / bleiben / müssen / ?
(2) wie lange / ich / nicht arbeiten / können / ?

3 Punkte

① Wann und mit welchem Ereignis hat der zweite Weltkrieg begonnen?
② Berichten Sie über ein historisches Ereignis in Ihrem Land.
③ Leben in der Europäischen Union (EU): Nennen Sie drei Vorteile, die die EU gebracht hat.
④ Beschreiben Sie zwei „Macken" von Menschen, eine lustige und eine nervige. Warum finden Sie diese Macken lustig bzw. nervig? Begründen Sie.
⑤ Nennen Sie zwei wichtige Eigenschaften, die ein/e Partner/in haben muss. Begründen Sie.
⑥ „Ich-Botschaft" – „Du-Botschaft": Was ist der Unterschied? Nennen Sie ein Beispiel.
⑦ Familie und/oder Beruf: Was ist Ihre Meinung? Begründen Sie mit mindestens drei Sätzen.
⑧ Ihr Bein ist gebrochen und Sie sind im Krankenhaus. Formulieren Sie drei Fragen an den Arzt.
⑨ Beruf „Physiotherapeut" – Berichten Sie über Vorteile und Nachteile.
⑩ Sollen Männer bei der Geburt ihrer Kinder dabei sein? Begründen Sie Ihre Meinung mit mindestens drei Sätzen.

2 Vom Todesstreifen zum Naturschutzgebiet

Das grüne Band

1

Von 1945 bis 1989 trennte eine Grenze die beiden deutschen Staaten, die Bundesrepublik Deutschland und die DDR (Bild 1).

Diese deutsch-deutsche Grenze verlief von Travemünde an der Ostsee bis zum Dreiländereck bei Hof. Insgesamt war die Grenze fast 1400 Kilometer lang. Sie hatte viele Namen: Zonengrenze, innerdeutsche Grenze und Todesstreifen. Sie war Teil vom sogenannten „Eisernen Vorhang", der ganz Europa in Ost und West trennte, und wer sie überschreiten wollte, riskierte sein Leben (Bild 2). Über 700 Menschen starben in 28 Jahren allein an der innerdeutschen Grenze.

2

3

„Jetzt wächst zusammen, was zusammengehört", so begrüßte Willi Brandt, der ehemalige Berliner Bürgermeister und Bundeskanzler der Bundesrepublik Deutschland (1969–74) den Mauerfall im November 1989 (Bild 3). Der damalige Bundeskanzler Kohl versprach „blühende Landschaften". Damit meinte er nicht das ‚Grüne Band', sondern den ökonomischen Umbau Ostdeutschlands. Aber mit dem Abbau der Grenzanlagen (Bild 5) entstand zugleich dieses erste deutsche Naturschutzprojekt nach dem Ende der Teilung.

Wo früher auf dem sogenannten Kolonnenweg (Bild 4) die Grenzsoldaten der

a Zwei deutsche Staaten – Was wissen Sie darüber?

b Lesen Sie den Text und beantworten Sie die Quizfragen.

Quizfragen zur deutschen Geschichte

1. Wer war 1989 Bundeskanzler der Bundesrepublik Deutschland?
2. Was ist das „Grüne Band" heute?
3. Was ist das „Grüne Band Europa"?
4. Was passierte am 9. November 1989?
5. Wie lange trennte eine Grenze die beiden deutschen Staaten?
6. Wie lang war die innerdeutsche Grenze?
7. Was war das „Grüne Band" früher?
8. Wo begann die innerdeutsche Grenze? Wo endete sie?

DDR patrouillierten, schlängelt sich heute das ‚Grüne Band'. Es ist das größte Naturschutzgebiet in Mitteleuropa. Hier leben Tiere und Pflanzen, die es an anderen Orten nicht mehr gibt (Bild 6).

„Die Grenze gab der Natur eine Atempause", sagen die Naturschützer. Die Natur hatte an der Stelle ihre Freiheit gefunden, wo sie den Menschen genommen wurde: im Grenzstreifen.

Zahlreiche Organisationen in Ost und West engagieren sich seitdem für den Erhalt und Ausbau dieser einmaligen Naturoase, damit das ‚Grüne Band' nicht durch den Bau von Straßen oder Industriegebieten zerstört wird.

Das große Ziel von Naturschützern in ganz Europa ist das ‚Grüne Band Europa': Ein Naturschutzprojekt entlang des ehemaligen Eisernen Vorhangs, das vom Eismeer bis zum Schwarzen Meer reicht.

1.45 **c Unterwegs auf dem Grünen Band – Hören Sie das Interview. Was ist richtig: a, b oder c?**

1. Herr Berger ist …
   - [a] Politiker.
   - [b] Mitglied in einer Umweltschutzorganisation.
   - [c] Naturwissenschaftler.

2. Die größte Gefahr für das Grüne Band ist …
   - [a] die Industrie.
   - [b] der Straßenbau.
   - [c] die Intensiv-Landwirtschaft.

3. Der Tourismus am Grünen Band …
   - [a] ist auf Rad- und Wanderwegen möglich.
   - [b] zerschneidet die Naturschutzgebiete.
   - [c] stört die Ruhe der Natur.

4. Der deutsch-deutsche Radweg …
   - [a] ist 8.500 Kilometer lang.
   - [b] geht von der Ostsee bis nach Tschechien.
   - [c] wurde 2004 gebaut.

d Diskutieren Sie im Kurs: Radfahren auf dem Todesstreifen – Pro und Contra.

e Planen Sie eine Radtour an der deutsch-deutschen Grenze. Recherchieren Sie im Internet.

Start/Ziel – Was braucht man? – Wer organisiert solche Reisen?

Prüfungsvorbereitung: Sprechen

A

3 Die Reiselust der Deutschen

a Sie haben in einer Zeitschrift einen Artikel zum Thema „Reiselust der Deutschen" gefunden. Lesen Sie den Artikel.

Reiselust der Deutschen
Deutschland ist und bleibt das beliebteste Reiseziel bei den Deutschen:

2008 verbrachten die Bundesbürger ca. 30 Prozent ihrer Urlaubsreisen – ab fünf Tagen Dauer – im eigenen Land. Beliebt waren vor allem die Küstenregionen an Nord- und Ostsee sowie Bayern und die Alpenregion. Beliebtestes Auslandsziel der Deutschen ist nach wie vor Spanien. Italien und Österreich rangieren auf Platz 3 und 4 der Beliebtheitsskala.

Die beliebtesten Reiseziele* der Deutschen 2008

1.	Deutschland
2.	Spanien
3.	Italien
4.	Österreich
5.	Türkei
6.	Frankreich
7.	Griechenland
8.	Tunesien
9.	Ägypten
10.	USA

* Reisen mit 5 Übernachtungen oder mehr

b Fassen Sie die Informationen Ihres Artikels zusammen. Informieren Sie dann Ihren Partner / Ihre Partnerin kurz darüber.

1. Das Thema nennen

Mein Artikel berichtet über ...
Ich habe das Thema ...
Es wird gezeigt, wohin ...
In meinem Artikel geht es um das Thema: ...
In meinem Artikel geht es darum, wohin ...

2. Wichtige Fakten zusammenfassen

Die drei beliebtesten Reiseziele sind ...
Am liebsten bleiben die Deutschen in ..., weil ...
Beliebte Urlaubsregionen in Deutschland sind ...
Das beliebteste Auslandsziel der Deutschen ist ...
Ich denke, das ist so, weil ...
Interessant finde ich auch, dass ...
Erstaunt hat mich, dass ...
Ich hätte nicht gedacht, dass ...
Aber das ist bestimmt so, weil ...

3. Nach dem Thema des Gesprächspartners / der Gesprächspartnerin fragen

Welches Thema hast du?
Worüber berichtet dein Artikel?
Und du? Was ist dein Thema?
Was möchtest du zu deinem Artikel sagen?

c Über Urlaub sprechen – Womit möchten Sie beginnen? Kreuzen Sie an und sammeln Sie weitere Fragen. Sprechen Sie dann mit Ihrem Partner / Ihrer Partnerin.

1. ☐ Ist Urlaub für dich wichtig? Warum (nicht)?
2. ☐ Wo machst du gern Urlaub?
3. ☐ Wie oft machst du im Jahr Urlaub?
4. ☐ Welche Rolle spielt für dich im Urlaub das Wetter?
5. ☐ Was machst du im Urlaub am liebsten?
6. ☐ Wo machen die Menschen in deinem Heimatland gern Urlaub?
7. ☐ Was sind die beliebtesten Reiseziele für die Menschen in deinem Heimatland?
8. ☐ ______________________________

B

Die Reiselust der Deutschen

a Sie haben in einer Zeitschrift einen Artikel zum Thema „Reiselust der Deutschen" gefunden. Lesen Sie den Artikel.

Städtereisen immer beliebter

Ganz vorn in der Liste der beliebtesten Städtereiseziele liegt Berlin mit 7,9 Mio. Besuchern. Die Hauptstadt bietet neben jeder Menge Kultur Veranstaltungen für jeden Geschmack. Platz 2 geht mit 4,8 Mio. Besuchern an die Metropole des Südens – München –, die für ihre bayerische Gemütlichkeit bekannt ist.

Den 3. Platz belegt Hamburg, die Stadt an der Elbe. Die 4,1 Mio. Besucher überzeugte sowohl der Hafen als auch das breite Angebot an Musicals.

Die beliebtesten Städtereiseziele* in Deutschland 2008

1.	Berlin
2.	München
3.	Hamburg
4.	Frankfurt a. M.
5.	Köln

*nach Gästeankünften in- und ausländischer Besucher

b Fassen Sie die Informationen Ihres Artikels zusammen. Informieren Sie dann Ihren Partner / Ihre Partnerin kurz darüber.

1. Das Thema nennen

Mein Artikel berichtet über …
Ich habe das Thema …
Es wird gezeigt, wohin …
In meinem Artikel geht es um das Thema: …
In meinem Artikel geht es darum, wohin …

2. Wichtige Fakten zusammenfassen

Die drei beliebtesten Städtereiseziele sind: …
Am liebsten fahren die Besucher nach …, weil …
Auf Platz 1 / Platz 2 / Platz 3 befindet sich …
Dafür gibt es viele Gründe, zum Beispiel …
Interessant finde ich auch, dass …
Erstaunt hat mich, dass …
Ich hätte nicht gedacht, dass …
Aber das ist bestimmt so, weil …

3. Nach dem Thema des Gesprächspartners / der Gesprächspartnerin fragen

Welches Thema hast du?
Worüber berichtet dein Artikel?
Und du? Was ist dein Thema?
Was möchtest du zu deinem Artikel sagen?

c Über Urlaub sprechen – Womit möchten Sie beginnen? Kreuzen Sie an und sammeln Sie weitere Fragen. Sprechen Sie dann mit Ihrem Partner / Ihrer Partnerin.

1. ☐ Ist Urlaub für dich wichtig? Warum (nicht)?
2. ☐ In welcher Stadt würdest du gerne Urlaub machen? Warum dort?
3. ☐ Welche großen Städte sind in deinem Heimatland für den Tourismus wichtig?
4. ☐ Wo gibt es in deinem Heimatland die meisten Touristen? Warum gerade dort?
5. ☐ Was machst du im Urlaub am liebsten?
6. ☐ Wo machen die Menschen in deinem Heimatland gern Urlaub?
7. ☐ Was sind die beliebtesten Reiseziele für die Menschen in deinem Heimatland?
8. ☐ ______________________________

25 Alt und Jung

1 Eine, zwei, drei Generationen
Wiederholung: Familienwörter – Ergänzen Sie.

1. Ich habe noch zwei ______. Einen Bruder und eine ______.
2. Meine ______ arbeiten beide. Mein ______ ist Arzt und meine ______ ist Lehrerin.
3. Meine Großeltern haben drei Kinder und acht ______.
4. Mein Vater hat einen Bruder und eine Schwester. Das sind mein ______ und meine ______.
5. Ich bin noch ______. Aber im nächsten Jahr heirate ich.
6. Vorne neben mir sehen Sie meine zukünftige ______.

2 Bilder und Personen beschreiben
Ergänzen Sie die passenden Wörter.

1. jungen • einer Freundin • arbeitet • Welt • wohnen • Von • an

Die beiden ______ Mädchen wollen nach der Schule um die ______ reisen. Sie fahren zuerst zu ______ nach Brasilien, die dort als Au-pair-Mädchen ______. Sie können kostenlos bei ihr ______. ______ Brasilien wollen sie nach Argentinien fahren und dann ______ der Küste weiter bis nach Feuerland reisen.

2. bestellt • frei • sieht • heute • gefeiert • ins • mit • Kinder • trifft

Auf diesem Foto ______ man einen Vater ______ seinen zwei Kindern. Er ist ______ zu Hause und kümmert sich um die ______. Seine Frau hat ______. Sie ______ sich mit zwei Freundinnen in der Stadt. Später wollen sie zusammen ______ Kino gehen. Der Mann hat gerade beim Pizzaservice eine Pizza ______. Mama ist weg und jetzt wird ______!

3 Termine
Wiederholung: Zeit – Beantworten Sie die Fragen.

1. Wie heißen die Jahreszeiten in Deutschland?
2. Was sagt man zu Samstag/Sonntag?
3. Wie heißen die Tageszeiten?
4. Was ist das? Der Tag hat 24 … und eine davon hat 60 …
5. Welcher Tag kommt nach Mittwoch?
6. In welchem Monat ist Weihnachten?

1. Frühling …

4 Das Wohnprojekt Meisenweg

3.2 **Ergänzen Sie den Dialog. Hören Sie zuerst und ergänzen Sie dann.**

- ● Hi, Werner. Kommst du vom Markt?
- ○ Hallo, Karin. Ja, i_ _ habe eingekauft. Wir beko_ _ _ _ Gäste zum Abendessen. We_ _ _ du, wen ich a_ _ dem Markt getroffen ha_ _?
- ● Na, sag schon.
- ○ Eben ha_ _ ich Klaus getroffen. D_ _ hat mir erzählt, da_ _ Dagmar und Horst umge_ _ _ _ _ sind!
- ● Das gibt's doch ni_ _ _! Die haben hier do_ _ über 30 Jahre gewohnt! Ei_ _ tolle Altbauwohnung mit Bl_ _ _ auf den Wochenmarkt.
- ○ Doch, doch. Die sind in d_ _ Meisenweg gezogen. Ihr Wohnp_ _ _ _ _ _ ist fertig geworden.
- ● Ach ja, i_ _ erinnere mich, irgendwann ha_ _ ich Horst getroffen u_ _ da hat er m_ _ davon erzählt. So e_ _ alternatives Altersheim …
- ○ Altersheim?
- ● Na ja, Alter_ _ _ _ stimmt vielleicht nicht ga_ _. Aber so ein Pro_ _ _ _ mit mehreren Generationen.
- ○ Ge_ _ _! Das Projekt ist e_ _ Mehrgenerationenhaus, wo Junge u_ _ Alte zusammenwohnen. D_ _ ist echt intere_ _ _ _ _. Inzwischen leben da schon fa_ _ 30 Personen: junge Familien mit Kindern, Alleinstehende …

5 Präpositionen mit Akkusativ

Ergänzen Sie die Präpositionen *für, durch, gegen, ohne* und *um*.

1. Ich bin gerade noch ______ die Kurve gekommen, aber dann bin ich ______ die Ampel gefahren, weil die Bremsen nicht funktioniert haben. ______ meinen Helm wäre ich jetzt tot.
2. In Deutschland brauchen Sie eine Versicherung ______ Ihr Motorrad.
3. Sie sind ______ Licht gefahren und haben ______ die Vorfahrtsregeln verstoßen.
4. Fahren Sie hier links ______ die Ecke und dann immer geradeaus bis zum Luisenpark.
5. Den Erste-Hilfe-Schein brauchen Sie ______ Ihre Führerscheinprüfung.
6. Sie dürfen nicht __________ den Park fahren. Sie können Ihr Fahrrad hier abstellen.

6 Alt und Jung

6.1 Interview mit Frau Schmieder – Ordnen Sie die Fragen und Antworten zu.

1. Haben Sie sofort Kontakt zu einer Familie gefunden?
2. Wie oft sind Sie in der Familie?
3. Was macht Ihnen mit den Kindern besonders Spaß?
4. Haben Sie auch Kontakt zu anderen Leihomas oder Leihopas?
5. Können Sie anderen älteren Menschen diese Tätigkeit weiterempfehlen?
6. Braucht man nach Ihrer Meinung als Leihoma eine bestimmte Qualifikation?

___ a) Das würde ich nicht sagen. Man muss nur Freude am Zusammensein mit Kindern haben.
___ b) Die Fröhlichkeit der Kinder und die Freude am Spiel.
___ c) Ja, sofort. Wenn man mit jungen Menschen zusammen sein kann, wird man selber wieder jung.
___ d) Ja, wir haben geredet und das Kinderbüro hat mir eine Mutter mit zwei kleinen Mädchen genannt, die allein erzieht und arbeitet.
___ e) Je nachdem, wie ich gebraucht werde. Die Mutter ruft mich an, wenn sie etwas vorhat oder abends ausgehen möchte.
___ f) Ja, wir treffen uns spontan, tauschen unsere Erfahrungen aus und geben uns gegenseitig Tipps.

6.2 In der E-Mail sind zehn Fehler: fünfmal Verbposition, fünfmal Rechtschreibung. Markieren Sie die Fehler und schreiben Sie den Brief richtig.

```
Liebe Astrid,
ich glaube, ich dir vor vier Jahren zu deinem 60. Geburtstag das letzte Mal einen Brief geschrieben
habe. Danach haben wir nur telefonirt! Heute möchte ich dir aber schicken die beiden Fotos von Pelle
und mir. Pelle nachmittags immer zu mir kommt, wenn Lisa arbeitet. Seit ich Räntner bin, habe ich
Zeit und bin für meinen Enkel der „Tagesopa". Es isst wunderbar!
Die Fotos sind von Pelles zweitem Geburtztag vor drei wochen.
Wie siehst du, lieben wir beide Schokoladentorte!
Ich hoffe, es dir gut geht und ihr seid alle gesund. Grüß bitte deine
Familie und schreib mal wieder!
Dein Ketil
```

Liebe Astrid,
ich glaube, ich habe ...

P

6.3 Wohnen im Alter 1

Lesen Sie. Entscheiden Sie, welches Wort (a, b oder c) jeweils in die Lücken 1–8 passt.

Lebensabend: Familie oder Altenheim?

„Ein bisschen traurig sind wir schon, ① wir nach 43 Jahren unser Häuschen hier verlassen." Holger Bitt (74) und seine Frau ② sich entschieden, in ein Seniorenheim zu ziehen. Sie sind stolz darauf, ③ sie diese Entscheidung selbstständig getroffen haben. „Wir wollten nicht, dass andere über unsere Wohnsituation bestimmen", ④ die 75-jährige Hanna Bitt. „Und wir ⑤ auch auf keinen Fall ⑥ Kindern zur Last fallen." Fünf Kinder und 18 Enkel hat das Paar, doch über ⑦ Alternative zum Altenheim hat niemand nachgedacht. Für ⑧ Kinder bedeutet die eigenständige Entscheidung der Eltern vor allem eine Entlastung.

1.	2.	3.	4.	5.	6.	7.	8.
a was	a hat	a denn	a sagen	a würde	a unser	a eine	a den
b weil	b haben	b dass	b sagten	b wollten	b unserem	b einen	b ihre
c denn	c sind	c wenn	c sagt	c mussten	c unseren	c ein	c das

P **6.4 Wohnen im Alter 2 – Lesen Sie und entscheiden Sie, welche Wörter a–l in die Lücken 1–8 passen. Vier Wörter bleiben übrig.**

„Ich bin da ① Hause, wo meine Kinder sind, weil ich sie liebe", so einfach erklärt Adolf Barth, warum er ② seine Frau Marianne sich vor zehn Jahren entschieden haben, zu ihrer ③ Tochter zu ziehen. Das neue Haus haben sie auch ④ finanziert. Damals konnten die beiden ihrer Tochter ⑤ der Betreuung ihrer zwei kleinen Kinder helfen. Heute sind sie selber auf die ⑥ Unterstützung von Tochter Doris angewiesen. Ohne sie geht nicht mehr viel.

Durch die Parkinson-Erkrankung der 73-jährigen Marianne Barth und die zunehmende Altersvergesslichkeit ihres Mannes hat Doris Langstein rund um die Uhr Dienst: „Jetzt sind sie meine zusätzlichen ⑦ Kinder." Die enge emotionale Verbundenheit ⑧ Eltern und Tochter ist die Voraussetzung für Doris Langsteins Engagement.

[a] ___ und	[d] ___ vor	[g] ___ auch	[j] ___ zwischen
[b] ___ zwei	[e] ___ zu	[h] ___ gemeinsam	[k] ___ sieben
[c] ___ einzigen	[f] ___ bei	[i] ___ jetzt	[l] ___ tägliche

7 Telefongespräche

3.3–6
P **7.1 Sie hören jetzt Ansagen am Telefon oder per Lautsprecher. Zu jedem Text gibt es eine Aufgabe. Kreuzen Sie die richtige Antwort an.**

1. Wann ist jemand im Büro?	2. Wann können Sie ein Buch bestellen?	3. Sie möchten einen Termin vereinbaren.	4. Frau Bultmann soll …
[a] Montags um 8 Uhr.	[a] Nur vormittags.	[a] Sie drücken die 1.	[a] ihr Auto bringen.
[b] Täglich.	[b] Immer.	[b] Sie drücken die 2.	[b] 100 Euro bezahlen.
[c] Freitags um 11 Uhr.	[c] Zu den Öffnungszeiten.	[c] Sie drücken die 3.	[c] zurückrufen.

P **7.2 Eine E-Mail schreiben – Sie haben diese Anzeige im „Stadtblatt" gelesen. Schreiben Sie eine E-Mail und äußern Sie sich zu folgenden Punkten:**

- Welchen Sprachkurs Sie besuchen möchten.
- Wann Sie Zeit haben.
- Was Sie noch wissen möchten.
- Warum Sie diese Sprache lernen wollen.

Vergessen Sie nicht die Anrede, den Gruß und Ihre Adresse.

Sprachen *light*

Sie möchten eine Fremdsprache lernen? Kein Problem!
Wir bieten Fremdsprachenkurse für Erwachsene in

- ▶ Englisch, Französisch, Spanisch, Russisch, Italienisch, Türkisch, Deutsch
- ▶ angenehme Kursatmosphäre
- ▶ Sprachkurse rund um die Uhr
- ▶ Medienzentrum zum Selbststudium
- ▶ individuelle Beratung
- ▶ Sonderkurse zum Spartarif
- ▶ **Kontakt:** Sprachen light, info@sprachen-light.de · Aalstraße 8, 73430 Aalen

Sehr geehrte …,
ich habe im „Stadtblatt" Ihre …

3.7 **7.3 Aussprache: Satzmelodie – Hören Sie und markieren Sie die Satzmelodie (↘ ↗ →). Sprechen Sie die Sätze laut.**

1. Frag doch mal im Büro, (→) ob es noch ein Programm gibt. ( ) Das interessiert mich sehr! ( )
2. Welche Kurse interessieren Sie? ( ) Unsere Sprachkurse ( ) oder die Freizeitangebote? ( )
3. Ich kann Ihnen leider nicht sagen, ( ) ob wir noch freie Plätze haben. ( )
4. Ich möchte wissen, ( ) wann der Kurs abends anfängt. ( ) Um sieben ( ) oder um halb acht? ( )

8 Wissen Sie, …

Schreiben Sie die indirekten Fragen zu Ende.

An der Haltestelle

1. Um wie viel Uhr fährt der nächste Bus? *um wie viel Uhr der nächste Bus fährt?*
2. Ist der Bus schon weg? *ob* ______
3. Wo ist die nächste Bushaltestelle? ______
4. Gibt es hier auch einen Nachtbus? ______
5. Wo kann ich das Ticket kaufen? ______

Im Restaurant

6. Ist der Tisch reserviert? ______
7. Wann schließt das Restaurant? ______
8. Bis wann kann ich warmes Essen bestellen? ______
9. Kann ich ein Glas Wasser bekommen? ______
10. Haben Sie eine Weinkarte? ______

Im Kaufhaus

11. Kann man hier auch Gutscheine kaufen? ______
12. Wo ist der Aufzug? ______
13. Darf man die Strumpfhosen anprobieren? ______
14. Haben Sie dieses Hemd auch in Blau? ______
15. Wer berät die Kunden in dieser Abteilung? ______

9 Ein Informationsgespräch am Telefon
Ordnen Sie die Dialogteile. Schreiben Sie den Dialog. Üben Sie den Dialog zu zweit.

- ● Hellmich.
- ○ 7
- ● Guten Morgen, Frau Seidel.
- ○ ___
- ● Ja, da sind noch vier Plätze frei.
- ○ ___
- ● Hier bei uns in der Kaiserstraße 99.
- ○ ___
- ● Am 6. Oktober. Es gibt vier Termine, immer montags um 18 Uhr.
- ○ ___
- ● Das ist Frau Sander, eine ehemalige Personalleiterin.
- ○ ___
- ● Der Kurs ist kostenlos. Die Materialkosten sind fünf Euro.
- ○ ___
- ● Gerne. Tschüss, Frau Seidel.
- ○ ___

1. Tschüss.
2. Ah, das hört sich nach viel Erfahrung an. Was kostet der Kurs denn?
3. Das ist in Ordnung, vielen Dank. Ich komme in den nächsten Tagen vorbei und melde mich an.
4. Das ist ja prima. Wo findet der Kurs statt?
5. Das passt mir gut. Wer macht den Kurs?
6. Und wann genau beginnt der Kurs?
7. Vera Seidel. Guten Morgen, Herr Hellmich.
8. Ich interessiere mich für das Bewerbungstraining. Sind da noch Plätze frei?

10 Schüler und Lehrer im EULE-Projekt
Schreiben Sie Sätze. Vergleichen Sie im Kurs.

Wir hatten …
Man konnte …
Wenn man diese Kurse belegt, …
Ich nehme an dem Projekt teil, weil …

Wir hatten viel Spaß.

Kontakt zu älteren Menschen bekommen
Vorurteile abbauen
soziales Engagement lernen
kostenlosen Unterricht erhalten
Kontakt zu Jugendlichen bekommen
weniger Angst vor Fehlern haben
viel Spaß haben
das Selbstbewusstsein stärken
geistig fit bleiben
neue Fähigkeiten an sich entdecken
das, was man selbst gelernt hat, festigen

Schwierige Wörter

1 Hören Sie und sprechen Sie langsam nach. Wiederholen Sie die Übung.

3.8

Weiterbildungskurse? ↗	auch Weiterbildungskurse? ↗	Gibt es hier auch Weiterbildungskurse? ↗
Selbstbewusstsein. ↘	stärkt das Selbstbewusstsein. ↘	Training stärkt das Selbstbewusstsein. ↘
Generationen? ↗	zwischen den Generationen? ↗	Wie ist das Verhältnis zwischen den Generationen? ↗

2 Welche Wörter und Sätze sind für Sie schwierig? Schreiben Sie drei Lernkarten und üben Sie mit einem Partner / einer Partnerin.

26 Was kann ich für Sie tun?

1 Im Hotel

1.1 Suchen Sie zwölf Wörter zum Thema „Hotel". Notieren Sie die Nomen mit Artikel.

das Doppelzimmer ____________________

E	I	N	C	H	E	C	K	E	N	P	W
Ö	R	E	S	E	R	V	I	E	R	E	N
D	O	P	P	E	L	Z	I	M	M	E	R
B	A	D	Z	E	M	P	F	A	N	G	X
S	E	R	V	I	C	E	Ö	G	A	S	T
Z	I	M	M	E	R	N	U	M	M	E	R
L	Ä	U	D	U	S	C	H	E	P	K	G
E	I	N	Z	E	L	Z	I	M	M	E	R
G	B	E	S	T	E	L	L	E	N	Q	A
X	P	P	F	R	Ü	H	S	T	Ü	C	K

1.2 Ergänzen Sie die Sätze mit den passenden Verbformen.

tragen • aufräumen • machen • bedienen • reparieren • empfangen

1. Der Kellner ____________ die Gäste.
2. Das Zimmermädchen ____________ die Zimmer ______.
3. Die Hotelkauffrau ____________ die Buchhaltung.
4. Die Rezeptionistin ____________ die Gäste.
5. Der Portier ____________ die Koffer.
6. Der Hausmeister ____________ die Lampen.

3.9 **1.3 Ergänzen Sie den Dialog und hören Sie zur Kontrolle.**

- Hotel Regent, Sie ____________ mit Frau Maischberger. Was kann ich ________ ________ tun?
- Brandauer, guten Tag. Ich bekomme nächstes Wochenende einige ____________ und wollte nachfragen, ob bei Ihnen zwei ____________ frei sind.
- Einen Moment bitte … Ja, da sind noch Zimmer ____________. Aber ich empfehle Ihnen, gleich zu ____________.
- Was kostet denn ein Zimmer?
- 79 € für ein Doppelzimmer. Da ist das Frühstück ____________.
- Gut, dann möchte ich ________ ____________ gleich reservieren.
- Gut, Frau Brandauer. Die Reservierung ist bis Freitag 18 ________ gültig.
- Vielen Dank.
- ________ geschehen. Kann ich sonst noch etwas für Sie tun?
- Nein, danke, das war alles. Auf ____________.
- Auf Wiederhören, Frau Brandauer.

Doppelzimmer • für Sie • frei • inklusive • Wiederhören • Gäste • Uhr • sprechen • reservieren • Gern • die Zimmer

2 An der Rezeption

2.1 Was passt zusammen?

1. Haben Sie ein Zimmer frei?	3	a)	Nein, bitte ein Raucherzimmer.
2. Was kann ich für Sie tun?	5	b)	In der Tiefgarage für 10 € pro Nacht.
3. Möchten Sie ein Nichtraucherzimmer?	6	c)	Balkon mit Meerblick?
4. Ist das Frühstück inklusive?	7	d)	Ja, aber gegen Gebühr. charge
5. Wo kann man bei Ihnen parken?	1	e)	Nein, wir sind leider ausgebucht.
6. Ich hätte gern ein Zimmer mit Balkon.	4	f)	Nein, das müssen Sie extra bezahlen.
7. Hat das Zimmer einen Internetanschluss?	2	g)	Ich möchte gerne ein ruhiges Einzelzimmer.

2.2 Schreiben Sie die Sätze. Achten Sie auf die Verbendung, den Kasus und die Wortstellung.

1. Die Spedition Höhne / ein Zimmer / haben reserviert / für Herrn Henning / .
2. Der Rezeptionist / nicht / können / der Auftrag / von der Firma / finden / .
3. Herr Henning / ein Einzelzimmer / bekommen / .
4. Aber / zwei Einzelzimmer / haben reserviert / die Firma / .
5. Der Kollege / ankommen / von Herrn Henning / erst morgen / .
6. Herr Henning / ein ruhiges Zimmer / sich wünschen / .
7. Der Rezeptionist / um 5:30 Uhr / sollen / der Gast / wecken / .

1. Die Spedition Höhne hat für Herrn Henning ein Zimmer reserviert.

2.3 n-Deklination – Markieren Sie die Nomen mit n-Deklination und schreiben Sie zu jedem davon einen Satz.

- [x] der Tourist
- [ ] das Hotel
- [x] der Name
- [ ] die Sekretärin
- [x] der Mensch
- [x] der Junge
- [x] der Kollege
- [ ] das Gepäck
- [x] der Portugiese

Die Rezeptionistin spricht mit dem Touristen.

2.4 n-Deklination – Ergänzen Sie die Sätze.

1. Das Zimmer ist für den Franzosen (der Franzose).
2. Das Zimmermädchen kommt aus dem Zimmer von Herrn Jensen (Herr Jensen).
3. Die Schlüssel gehören dem Journalisten (der Journalist) aus Zimmer 408.
4. Der Direktor spricht mit dem Praktikanten (der Praktikant).
5. Herr Henning telefoniert mit einem Kollegen (ein Kollege).
6. Bitte rufen Sie für Herrn Meyer (Herr Meyer) ein Taxi.
7. Das Taxi ist für Herrn Meyer und seinen Kollegen (Herr Henning und sein Kollege).
8. Hier ist eine Nachricht für den Studenten (der Student) aus Zimmer 204.

26

…be ein Problem …

…Velcher Satz passt zu welchem Bild?

1. …as Bett ist nicht gemacht. ____
2. Ich warte schon sehr lange. ____
3. Das Zimmer ist viel zu laut. ____
4. Wir haben ein falsches Zimmer. ____
5. Ich kann nicht in Ruhe schlafen. ____
6. Das Zimmer ist nicht gereinigt. ____
7. Ich will nicht mehr länger warten. ____
8. Das ist kein Doppelzimmer. ____

3.2 Reklamation – Schreiben Sie Imperativsätze. Benutzen Sie den Komparativ.

1. Das Zimmer ist zu laut. (ruhig) *Geben Sie mir bitte ein ruhigeres Zimmer.*
2. Das Zimmer ist zu dunkel. (hell) ____
3. Das Zimmer ist zu alt. (modern) ____
4. Das Zimmer ist zu klein. (groß) ____
5. Das Zimmer ist nicht schön. (gemütlich) ____
6. Das Zimmer ist zu teuer. (billig) ____

P

3.3 Ein Beschwerdebrief – Welche Wörter von a–o passen in den Brief?

Sehr ① [ ] Damen und Herren,
ich war ② [ ] Freitag, den 05. Februar, bei ③ [ ] im Hotel Regent für eine Nacht zu Gast. Ich muss Ihnen ④ [ ] mitteilen, dass ich mit meinem Aufenthalt gar nicht zufrieden war. So bekam ich gleich beim Einchecken ein ⑤ [ ] Zimmer. Ich wollte ein Doppelzimmer, ⑥ [ ] ich bekam ein Einzelzimmer. Dann konnte ich zwar in das richtige Zimmer, stellte aber fest, ⑦ [ ] das neue Zimmer nicht gereinigt war. Das Zimmer war ⑧ [ ] laut, dass ich die ganze Nacht kein Auge zumachen konnte. Deswegen möchte ich Sie ⑨ [ ], dass Sie mir 25 % des Zimmerpreises erstatten.

Mit ⑩ [ ] Grüßen
Markus Groitner

a) freundlichen
b) mit
c) bitten
d) liebe
e) am
f) deswegen
g) falsches
h) aber
i) Ihr
j) leider
k) Ihnen
l) geehrte
m) so
n) dass
o) guten

P

3.4 Sie waren bei Ihrem letzten Besuch im Hotel Regent sehr unzufrieden mit dem Service. Schreiben Sie an das Hotel einen Brief zu folgenden Punkten:

- Grund für Ihr Schreiben
- wann Sie im Hotel waren
- was Ihnen überhaupt nicht gefallen hat
- wie viel Prozent vom Zimmerpreis Sie zurückverlangen

4 Jobs im Hotel

4.1 Komposita – Schreiben Sie die Nomen mit Artikel wie im Beispiel.

~~Zimmerreinigung~~ • Hotelzimmer • Bewerbungsunterlagen • Appartementanlage • Arbeitsplatz • Ausbildungsbeginn • Ausbildungsplatz • Hotelrestaurant • Eintrittstermin • Zimmermädchen

die Zimmerreinigung = das Zimmer + die Reinigung

4.2 Interview mit einem Zimmermädchen – Ordnen Sie die Fragen den Antworten zu.

1. Wie viele Hotelzimmer muss man in einer Stunde reinigen?
2. Wie viele Tage Urlaub bekommt man?
3. Was gehört zu den Aufgaben vom Zimmerservice?
4. Wie viel verdient man pro Monat?

____ a) Als Arbeitskraft im Zimmerservice hat man den gesetzlichen Anspruch von 24 Werktagen – das sind vier Wochen. Ja nach Tarifvertrag kann es etwas mehr sein.

____ b) Wenn man nach Tarif bezahlt wird, kann man mit ungefähr 1000 € netto rechnen. Natürlich spielt die Steuerklasse auch noch eine Rolle.

____ c) In großen Hotels muss man ein Zimmer in etwa 20 Minuten schaffen. Manchmal erwartet der Arbeitgeber eine Leistung von 15 bis 20 Zimmern pro Arbeitstag. Das ist ziemlich viel.

____ d) Ich muss Betten machen, die Zimmer reinigen und für frische Handtücher, neue Seife, Duschgel, Klopapier usw. sorgen. Der Gast soll sich im Zimmer wohlfühlen.

4.3 Würden Sie gern im Zimmerservice arbeiten? Was könnten Sie gut und womit hätten Sie Probleme? Schreiben Sie und vergleichen Sie im Kurs.

5 Ein Telefongespräch

3.10 **Schreiben Sie das Gespräch zwischen Frau Reinhardt und Frau Mönch. Hören Sie zur Kontrolle. Hören Sie zuerst.**

- ~~Hardenberghotel, Sie sprechen mit Frau Reinhardt.~~
- Gut. Wo haben Sie denn zuletzt gearbeitet?
- Ja, ich kann Auto fahren. Das ist kein Problem.
- ~~Guten Tag, mein Name ist Mönch. Ich rufe wegen Ihrer Anzeige als Rezeptionistin an.~~
- Ja, Frau Mönch, haben Sie denn eine Ausbildung?
- Im Landhotel Potsdam. Leider mussten mein Mann und ich umziehen. Deshalb suche ich hier eine neue berufliche Tätigkeit.
- Dann bin ich gespannt, Sie kennenzulernen. Kommen Sie doch morgen um 14 Uhr bei mir vorbei. Dann reden wir über alles Weitere.
- Natürlich, ich habe eine dreijährige Ausbildung als Hotelfachfrau gemacht.
- Auf Wiederhören, Frau Reinhardt.
- Wie Sie sicherlich wissen, Frau Mönch, liegt unser Hotel etwas außerhalb der Stadt. Haben Sie denn einen Führerschein?
- Ich komme natürlich sehr gern.
- Dann bis morgen um 14 Uhr. Auf Wiederhören, Frau Mönch.

● Hardenberghotel, Sie sprechen mit Frau Reinhardt.
○ Guten Tag, mein Name ist Mönch. Ich rufe wegen Ihrer Anzeige ...

6 Ein Winterwochenende

6.1 Ordnen Sie die Wintersportarten den Bildern zu.

hock ro len schuh wan ~~eis~~ fah Eis Schnee ey ~~lau~~ spie ren Ski ~~fen~~ dern deln

①	②	③	④	⑤
eislaufen	______	______	______	______

6.2 Wie heißen die Wörter? Schreiben Sie Komposita.

1. der Tourist am Wochenende *der Wochenendtourist*
2. die Fahrt mit dem Schlitten ______
3. Kinder aus der Großstadt ______
4. der Genuss durch Sport ______
5. das Erlebnis in der Natur ______
6. der Liebhaber zur Natur ______

6.3 Wiederholung: Adjektivdeklination – Ergänzen Sie die Endungen.

der lang___ Winter	ein lang___ Winter	die lang___ Party	eine lang___ Party
das lang___ Wochenende	ein lang___ Wochenende	die sportlich___ Frau	eine sportlich___ Frau
der traumhaft___ Wald	ein traumhaft___ Wald	das hungrig___ Tier	ein hungrig___ Tier
die dick___ Decke	eine dick___ Decke	der sonnig___ Tag	ein sonnig___ Tag
das schön___ Erlebnis	ein schön___ Erlebnis	das teur___ Hotel	ein teur___ Hotel

7 Die schönste Zeit …

7.1 Komparativ und Superlativ – Ergänzen Sie die Tabelle.

Grundform	Komparativ	Superlativ	
1. alt	*älter*	*am ältesten*	*der/das/die älteste …*
2. schnell			
3. schön			
4. groß			
5. teuer			
6. viel			
7. gern			
8. gut			
9. hoch			

7.2 Schreiben Sie die Sätze mit Superlativ.

1. Ich reise gern. (mit dem Zug) *Ich reise am liebsten mit dem Zug.*
2. Mark fährt schnell. (mit den neuen Skiern) ____________________
3. Der Urlaub ist gut. (in Tirol) ____________________
4. Der Winter ist schön. (im Gebirge) ____________________
5. Eine Schlittenfahrt ist romantisch. (durch den Wald) ____________________
6. Es ist kalt. (im Januar) ____________________

7.3 Ergänzen Sie den Superlativ.

1. Die Stadt hat die ____________ (sauber) Straßen.
2. Der ____________ (warm) Tag war der 21. Juli.
3. Heute ist der ____________ (lang) Tag des Jahres.
4. Ist das der ____________ (kurz) Weg zum Bahnhof?
5. Die Schlittenfahrt gehört zu den ____________ (schön) Erlebnissen vom Urlaub.
6. Die Zugspitze ist der ____________ (hoch) Berg Deutschlands.

8 Reiseland Deutschland

3.11–13 P **Sie hören jetzt Ansagen aus dem Radio. Zu jedem Text gibt es eine Aufgabe. Kreuzen Sie die richtige Antwort an.**

1. Wie wird das Wetter in Süddeutschland?
   - a Es kommt zu starken Schneefällen.
   - b Zuerst regnet es, dann schneit es.
   - c Die Sonne scheint den ganzen Tag.

2. Wo gab es einen Unfall?
   - a Auf der A8. b Auf der A7. c Auf der A3.

3. Für wann kann man Eintrittskarten gewinnen?
   - a Für Freitag. b Für Samstag. c Für Sonntag.

Werder an der Havel

Aussprache: Vokale

1 Hören Sie und markieren Sie den Akzentvokal (lang oder kurz). Sprechen Sie nach.

3.14 Personal • Hotel • besondere Wünsche • ausgebucht sein • Küchenhilfe • Hotelkaufmann
sich beschweren • begrüßen • kochen • das Zimmermädchen • das Telefon • Probleme haben

2 Langsam und schnell sprechen – Hören Sie und sprechen Sie nach.

3.15 Sie_hat | schon_mehrere_Jahre | Berufserfahrung. ↘ Sie hat schon mehrere Jahre Berufserfahrung. ↘
Er_hat | hier | ein_Jahr | als_Kellner | gearbeitet. ↘ Er hat hier ein Jahr als Kellner gearbeitet. ↘
Manchmal | muss_man | Überstunden_machen. ↘ Manchmal muss man Überstunden machen. ↘

27 Man ist, was man isst

1 Meinungen zum Thema „Essen“

Was sagen die Personen? Schreiben Sie indirekte Aussagen mit *dass* oder W-Wort.

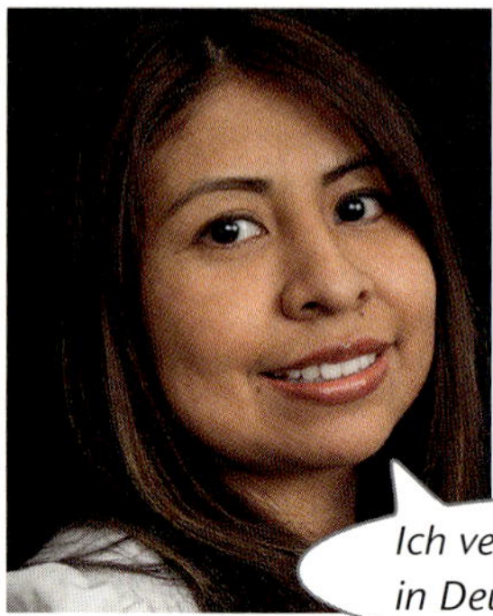

1. Herr Lohmann sagt, dass Essen sein Hobby ist. ______
   Er meint auch, ______

2. Herr Ogoke versteht nicht, ______
   Er glaubt, ______

3. Frau Landivar sagt, ______
   Sie weiß nicht, ______

2 Sprichwörter

Was bedeuten die Sprichwörter? Ordnen Sie zu.

1. Man isst, um zu leben, man lebt nicht, um zu essen.
2. Wenn der Bauch leer ist, kann der Kopf nicht denken.
3. Der Appetit kommt beim Essen.
4. Der hungrige Bär spielt nicht.
5. Liebe geht durch den Magen.

___ a) Man kann sich nicht konzentrieren, wenn man hungrig ist.
___ b) Wenn man Hunger hat, dann ist man schlecht gelaunt und will nur etwas zum Essen.
___ c) Gemeinsam gut zu essen ist gut für die Liebe.
___ d) Es gibt wichtigere Dinge im Leben als Essen.
___ e) Wenn das Essen gut schmeckt, dann hat man auch Lust, mehr zu essen.

3 Gesunde Ernährung

3.1 Was schmeckt für Sie so? Notieren Sie.

1. süß Zucker ______
2. sauer ______
3. scharf ______
4. mild ______
5. salzig ______
6. fettig ______

3.2 Wiederholung: Wortschatz „Essen und Trinken" – Sammeln Sie.

Sie arbeiten allein:
Notieren Sie möglichst viele Wörter mit Artikel in den Feldern.

Sie arbeiten in der Gruppe:
Ein Spieler zählt still und langsam von 1 bis 5, ein anderer wählt A oder B.
Wenn ein dritter Spieler „Stopp" sagt, notieren alle zwei Minuten lang Nomen mit Artikel.
Beispiel 2A = Thema „Getränke" mit maximal 5 Buchstaben: *der Saft*

Wer nach fünf Runden am meisten Wörter hat, hat gewonnen.

Wörter mit …	**A** maximum **maximal 5 Buchstaben**	**B** at least **mindestens 6 Buchstaben**
1 Obst, Gemüse und Früchte 	der Apfel die Birne die Bohne der Salat	die Aubergine, die Kirsche die Orange, die Kartoffel die Melone die Weintraube die Tomate die Zucchini die Banane die Paprika
2 Getränke 	der Tee der Wein das Bier	das Mineralwasser der Kaffee
3 Süßes 	der Keks das Eis	der Kuchen die Schokolade der Zucker
4 Lebensmittel (außer 1, 2, 3) 	der Reis das Brot die Milch der Käse die Eier das Salz der Fisch das Obst	die Nudeln die Kartoffel der Yoghurt das Fleisch das Gemüse
5 Dinge in der Küche 	die Gabel der Topf das Glas das Sieb	der Löffel das Messer die Schlüssel der Spachtel der Kühlschrank die Waschmaschine die Spülmaschine

3.16 **3.3 Tipps zur Ernährung – Hören Sie und ergänzen Sie den Text.**

den Durst • egal • ein Glas • essen • Flüssigkeit • Hunger • ihre Ernährung • Kaffee • Körper • gut • nach dem Essen • Regel • Tee • ~~Zeit nehmen~~

Essen ist doch Genießen, man muss sich *Zeit nehmen* (1). Viele Leute haben Probleme mit der Gesundheit, weil sie nicht auf ____________ (2) achten. Sie denken nicht über ihre Gewohnheiten nach: Ihnen ist ________ (3), was sie essen, wie oft am Tag sie essen, wie viel sie ____________ (4) und was und wie viel sie trinken. Die wichtigste ____________ (5) für gesunde Ernährung heißt: Viel trinken! Wasser, ________ (6) und Fruchtsäfte sind gut für den Körper. Wer viel trinkt, hat weniger ________ (7) und isst weniger. Ein erwachsener Mensch braucht zwischen zwei und drei Litern ____________ (8) pro Tag. Bleiben wir bei den Getränken: Alkohol kann dem ____________ (9) schwer schaden. Alkohol in kleinen Mengen, etwa Rotwein, tut aber vielen Menschen auch ________ (10). Essen ist Genießen, warum also nicht ________ (11) Wein oder Bier zum Essen dazu? Die Menge macht den Unterschied. Ähnlich steht es mit ________ (12). Trinken Sie nie Kaffee gegen ____________ (13), das ist viel zu viel. Aber genießen Sie ruhig einen kleinen Kaffee ____________ (14), wenn Sie Lust dazu haben.

4 Gesund leben

4.1 Ab morgen wird alles anders. – Schreiben Sie Sätze mit dem Infinitiv mit „zu".

1. mehr Sport machen — Morgen beginne ich, *mehr Sport zu machen*.
2. viel Kaffee trinken — Ich höre auch auf, ____________.
3. nicht so viel essen — Ich versuche jeden Tag, ____________.
4. auf das Gewicht achten — Der Arzt sagt, es ist wichtig, ____________.
5. gute Ratschläge bekommen — Aber ich habe keine Lust, ____________.
6. mit Freunden essen — Ich genieße es, ____________.

4.2 Was ist für Sie wichtig, was nicht? Wählen Sie aus und schreiben Sie Sätze wie im Beispiel.

1. Ich finde es wichtig, …
2. Es ist schön, …
3. Es macht Spaß, …
4. Ich habe Lust, …
5. Es macht keinen Spaß, …
6. Es ist nicht wichtig, …
7. Es ist langweilig, …
8. Es ist verboten, …
9. …

1. Ich finde es wichtig, einen Job zu haben.

5 Ernährung und Lebensgewohnheiten

3.17–19 P

Sie hören drei Gespräche. Zu jedem Gespräch gibt es zwei Aufgaben. Was ist richtig?

1. Frau Saizewa nimmt nie Zucker zu Kaffee oder Tee. Richtig Falsch
2. Was ist für Frau Saizewa in Deutschland fremd?
   - a In Deutschland nimmt man meistens keinen Zucker.
   - b Deutsche fragen einen Gast immer wieder, was er mag.
   - c Wenn der Gast einmal Nein sagt, fragt man ihn nicht mehr.
3. Herr Angerer hat einige Jahre in China gelebt. Richtig Falsch
4. Was findet Herr Angerer anders, wenn man in China essen geht?
   - a Der Gastgeber fragt, was man essen möchte.
   - b Man gibt seinem Gast oder Nachbarn die besten Stücke.
   - c Jeder Gast bestellt die Speise, die er essen möchte.
5. Herr Brook findet, dass Pommes frites in Deutschland nicht schmecken. Richtig Falsch
6. Was hat Herr Brook als kleiner Junge in Deutschland erlebt?
   - a Er wollte noch mehr Torte und bekam keine.
   - b Er hat zu viel Torte mit viel Sahne bekommen.
   - c Er durfte wie die Erwachsenen Kaffee trinken.

6 Was denken andere über ...?

eating times.

3.20

6.1 Lesen Sie die Sätze 1–9 und ordnen Sie sie A–C zu. Probleme? Hören Sie zuerst.

A Frühstück in Deutschland B Essenszeiten in Spanien C Englisches Bier

A 1. „Das" deutsche Frühstück gibt es nicht. Es gibt sehr unterschiedliche Gewohnheiten.

___ 2. Bei uns essen wir erst am Nachmittag zu Mittag.

___ 3. Bei den einen gibt es Müsli, bei den anderen Brötchen mit Butter und Marmelade.

___ 4. Ich kann das gar nicht mehr hören, diese dummen Witze über unser Essen und Trinken.

___ 5. In fast jedem Haushalt gibt es ein anderes Frühstück.

___ 6. In meiner Familie haben wir nie vor 9 Uhr zu Abend gegessen, meistens später.

___ 7. Wenn ich im Pub ein Bier trinke, ist das nicht wärmer oder kälter als hier in der Kneipe.

___ 8. Manche mögen Brot mit Schinken und Wurst mit oder ohne Ei.

___ 9. Wir essen auch meistens erst spät zu Abend.

6.2 Essgewohnheiten in Ihrer Kultur – Schreiben Sie etwas über die folgenden Punkte.

- Was sind typische Speisen in Ihrem Land?
- Was denken Ausländer über das Essen in Ihrem Land?
- Was ist Ihre Meinung dazu?
- Haben sich Ihre Essgewohnheiten geändert?

Was isst man in Polen am Abend?
Bei uns essen die Leute ...

Man sagt, dass ...
Bei uns essen die Leute ...
In fast jedem Haushalt gibt es ...
Bei den einen ..., bei den anderen ...
Wieder andere ...
Hier ..., dort ...
Früher ... Heute ...

7 Anders als erwartet

7.1 Konjunktionen – Kreuzen Sie die passende Konjunktion an.

1. Herr de Smet isst ein großes Eis,	[a] weil	[b] obwohl	[c] wenn	er schon satt ist.
2. Frau Magris kocht meistens selbst,	[a] weil	[b] obwohl	[c] dass	es ihr Spaß macht.
3. Herr Kneissl isst kein Obst,	[a] weil	[b] obwohl	[c] wenn	er weiß, dass Obst gesund ist.
4. Uwe isst in der Kantine,	[a] weil	[b] obwohl	[c] dass	das Essen dort billig ist.
5. Frau Schweitzer hat geglaubt,	[a] weil	[b] obwohl	[c] dass	ihr Fisch nicht schmeckt.

7.2 Nebensätze mit *obwohl* – Ordnen Sie zu und schreiben Sie die Sätze.

1. Der Kühlschrank ist leer.	___ a) Der Arzt hat es ihr verboten.
2. Frau Kowar isst nur ganz wenig.	___ b) Sie hat sich sehr darauf gefreut.
3. Frau Kowalski trinkt viel Kaffee.	___ c) Er hat viel Zeit.
4. Herr Kowar nimmt nur wenig ab.	___ d) Frau Kowar hat gestern so viel eingekauft.
5. Das Essen schmeckt Frau Kowalski nicht.	___ e) Sie soll viel frisches Obst essen.
6. Herr Meier isst zwei Stück Torte.	___ f) Er isst seit einem Monat nur ganz wenig.
7. Herr Kowalski macht heute kein Frühstück.	___ g) Sie hat großen Hunger.
8. Frau Meier isst kein Obst.	___ h) Er mag Torten eigentlich nicht.

1d Der Kühlschrank ist leer, obwohl Frau Kowar gestern so viel eingekauft hat.

8 Essen gehen

Sie laden Freunde zum Essen ein. Schreiben Sie eine E-Mail.

Ihre Partnerin / Ihr Partner hat am Freitag (11. 11.) Geburtstag. Sie wollen sie/ihn mit einem Abendessen mit Freunden überraschen.
Treffpunkt: Restaurant „Da Mario", 20 Uhr. Sie laden Ina Daus ein. Sie brauchen eine Antwort bis morgen, weil Sie einen Tisch reservieren möchten.

Liebe/Lieber … • Hallo … • den Geburtstag von … feiern • zum Abendessen einladen • eine Überraschung • nichts wissen sollen • sich auf einen schönen Abend freuen • Bescheid sagen • Schöne Grüße

9 Im Restaurant

Lesen Sie die Dialoge A und B und entscheiden Sie, was in die Lücken passt: a, b oder c?

A

● Guten Tag! Was (1) ich für Sie tun?
○ Wir sind vier Personen? Haben Sie (2) für uns?
● Ich muss nachsehen. Haben (3) bitte etwas Geduld. … In zehn Minuten gibt es (4).
○ Danke, aber wir haben es (5).

1.	[a] will	[b] kann	[c] muss
2.	[a] Zeit	[b] ein paar Bier	[c] einen Tisch
3.	[a] Sie	[b] wir	[c] die Leute
4.	[a] das Essen	[b] eine Pause	[c] Platz
5.	[a] schnell	[b] eilig	[c] gern

B

- Schönen Tag. Was darf es (6)?
- Ich (7) gern eine Apfelsaftschorle.
- Und für (8) ein Mineralwasser mit Zitrone.
- Haben Sie sonst noch einen (9)?
- Wir haben (10) noch nicht entschieden.

6.	[a] sein	[b] ein Essen	[c] einen Tisch
7.	[a] will	[b] hätte	[c] bestelle
8.	[a] mich	[b] Sie	[c] dich
9.	[a] Wunsch	[b] Problem	[c] Frage
10.	[a] ihnen	[b] euch	[c] uns

10 Schmeckt's?

Smalltalk beim Essen – Ordnen Sie die Reaktionen a–g zu.

1. Das ist ja lecker.
2. Hat es dir nicht geschmeckt?
3. Ist das schwer zu kochen?
4. Was ist das? Das kenne ich nicht.
5. Du bist ja eine ganz tolle Köchin!
6. Und? Schmeckt's dir?

___ a) Das ist Borschtsch. Das isst man bei uns sehr oft.
___ b) Das freut mich, wenn es dir schmeckt.
___ c) Doch! Aber ich schaffe nicht alles, es ist zu viel.
___ d) Es ist nicht einfach. Ich kann dir das Rezept geben.
___ e) Danke, ich koche einfach gern, wenn ich Zeit habe.
___ f) Ja, das ist ganz fantastisch.

Aussprache: Umlaute *ä, ö, ü*

① Ergänzen Sie die Umlaute. Hören Sie zur Kontrolle und sprechen Sie.

3.21 viele Br_tchen • Fruchts_fte trinken • der K_rper • Essig und _l • gesunde Ern_hrung
die K_che • viele S_ßigkeiten • _bergewicht haben • der K_se • eine gute K_chin
das Gem_se • Getr_nke bestellen • N_sse essen • fr_hstücken • ein Men_ bestellen

② Hören und Nachsprechen – Achten Sie auf die Aussprache der markierten Vokale und Umlaute.

3.22 genug Gemüse essen • Hier ist Kuchen in der Küche. • beim Bäcker Brötchen holen
Frühstück um sieben • Süßigkeiten lieben • süße Getränke • Die Schärfe ist wichtig.
mit viel Öl kochen • Brot und Brötchen zum Frühstück • sich gesund ernähren

Schwierige Wörter

① Hören Sie und sprechen Sie langsam nach. Wiederholen Sie.

3.23 zwischendurch. ↘ | immer zwischendurch. ↘ | Obst esse ich immer zwischendurch. ↘
Getreideprodukte. ↘ | viele Getreideprodukte. ↘ | Wir essen viele Getreideprodukte. ↘
ziemlich ↘ | ziemlich scharf. ↘ | Das schmeckt aber ziemlich scharf. ↘

② Welche Wörter und Sätze sind für Sie schwierig? Schreiben Sie drei Lernkarten und üben Sie mit einem Partner / einer Partnerin.

Die vier **Testtrainings in *Berliner Platz 3 NEU*** bereiten Sie auf den *Deutsch-Test für Zuwanderer* und das *Zertifikat Deutsch* vor. Beide Prüfungen bestehen aus vier Teilen: *Hören, Lesen, Schreiben* und *Sprechen.* In den Testtrainings 9–12 üben Sie verschiedene Teile der Prüfung. Bei den Testteilen für das *Zertifikat Deutsch* steht dieses Symbol P ZD, bei denen für den *Deutsch-Test für Zuwanderer* steht dieses Symbol P DTZ.

Hören (Globalverstehen) – Gesprächsbeiträge

P ZD Sie hören nun fünf kurze Texte. Dazu sollen Sie fünf Aufgaben lösen. Sie hören diese Texte nur einmal. Entscheiden Sie beim Hören, ob die Aussagen 1 bis 5 richtig oder falsch sind.

3.24 ① Die Sprecherin isst sehr gern mit ihrer Familie zusammen. Richtig Falsch

3.25 ② Der Sprecher denkt, dass kochen zu viel Arbeit macht. Richtig Falsch

3.26 ③ Die Sprecherin braucht keine Diät, weil sie gesund kocht. Richtig Falsch

3.27 ④ Die Sprecherin isst keine Speisen mit viel Fett und Zucker. Richtig Falsch

3.28 ⑤ Der Sprecher isst zwar schnell, aber regelmäßig. Richtig Falsch

Hören – Private und berufliche Gespräche

P DTZ Sie hören vier Gespräche. Zu jedem Gespräch gibt es zwei Aufgaben. Entscheiden Sie bei jedem Gespräch, ob die Aussage dazu richtig oder falsch ist und welche Antwort (a, b oder c) am besten passt.

Beispiel

3.29 ⓪ Frau Schneider ist die Kollegin von Frau Hahn. Richtig ~~Falsch~~

Worum bittet Frau Schneider Frau Hahn?

- a Sie soll Frau Schneider zur Fortbildung bringen.
- b Sie soll einen Kindergeburtstag organisieren.
- ☒ Sie soll auf Frau Schneiders Sohn aufpassen.

3.30 ① Herr Borchert telefoniert mit der Lehrerin von seiner Tochter. Richtig Falsch

② Wann hat seine Tochter den Termin?

- a Am Dienstag.
- b Am Donnerstag.
- c Am Freitag.

3.31 ③ Erwin und Frieda sind schon älter. Richtig Falsch

④ Was möchte Erwin lernen?

- a Wie man Computerprobleme löst.
- b Wie man schöne Bilder malt.
- c Wie man wieder fit wird.

3.32 ⑤ Herr Steinbach möchte im City-Hotel eine Ausbildung machen. Richtig Falsch

⑥ Ihm gefällt an der Arbeit in einem Hotel, …

- a dass man am Wochenende arbeitet.
- b dass man gut bezahlt wird.
- c dass man viel Verschiedenes macht.

3.33 ⑦ Anna und Jakob sind Nachbarn. Richtig Falsch

⑧ Was kann Anna nicht so gut?

- a Chinesisch kochen.
- b Computerprobleme lösen.
- c Fahrräder reparieren.

⚠ In der Prüfung müssen Sie Ihre Lösungen auf einem Antwortbogen markieren.

Lesen – Anzeigen, Werbung ...

P DTZ Lesen Sie die Situationen 1–5 und die Anzeigen a–h. Finden Sie für jede Situation die passende Anzeige. Für eine Aufgabe gibt es keine Lösung. Markieren Sie in diesem Fall ein X.

1. Sie sind 16 Jahre alt und möchten die Arbeit in einem Hotel im Ausland kennenlernen. ____
2. Sie haben eine Ausbildung als Koch und suchen eine Dauerstelle in einem Hotelrestaurant. ____
3. Sie möchten nach der Elternzeit wieder als Kellnerin arbeiten. Wegen der Kinder suchen Sie eine Teilzeitstelle am Vormittag. ____
4. Sie haben Ihren Schulabschluss gemacht und möchten einen Beruf im Hotel erlernen. ____
5. Sie studieren und möchten tagsüber etwas dazuverdienen. Sie haben noch nie in einem Restaurant gearbeitet. ____

a

Café Romantico im Stadtzentrum

Mitarbeiterin für den Service gesucht!

Für die Schicht von 8–13 Uhr suchen wir eine motivierte Mitarbeiterin! Sie haben schon in der Gastronomie gearbeitet, sind effizient und stets freundlich im Umgang mit den Gästen? Dann freuen wir uns auf Ihre Bewerbung!
Senden Sie die üblichen Unterlagen an

Café Romantico,
z. H. Frau Zalisch, Am Marktplatz 6

b

Hotel Conti in Rimini/Italien

Wir sind eines der größten Hotels an einem beliebten Urlaubsort an der Adria. Für den Sommer suchen wir

eine Praktikantin / einen Praktikanten

Sie lernen alle Arbeitsbereiche kennen – vom Frühstücksservice bis zur Nachtbar. Italienischkenntnisse sind von Vorteil, aber keine Bedingung. Mindestalter 18 Jahre.
Bewerbungen bitte an: conti@rimini.it

c

Café am Park

Aushilfe für Abende und Wochenenden gesucht!

Wir sind ein gut gehendes Café und suchen ab sofort einen Springer / eine Springerin zu flexiblen Einsätzen abends und am Wochenende.
Sie haben schon mindestens 6 Monate Erfahrung als Kellner/Kellnerin, sind serviceorientiert und belastbar?
Wir bieten Ihnen ein angenehmes Arbeitsklima in einem jungen Team, Grundgehalt nach Tarif und eine faire Trinkgeldregelung.
Bewerbungen an: *job@cafe-am-park.de*

d

Das **Café an der Uni** bietet Nebenjobs für StudentInnen!
Geld verdienen, während andere im Seminar sitzen! In unserem Nichtrauchercafé direkt an der Uni bieten wir Arbeit auf Stundenbasis bei flexibler Zeiteinteilung an.
Nettes Auftreten und Teamfähigkeit sind Bedingung, Vorerfahrung nicht nötig – Einarbeitung erfolgt während der Arbeitszeit.
Öffnungszeiten: Mo–Fr 13–19 Uhr, am Wochenende und an Feiertagen geschlossen.

e

Iris-Hotel in Leipzig

Wir haben Ausbildungsplätze zum/zur **Buchhalter/in** und **Hotelkaufmann/-frau**.
Sie haben einen guten Schulabschluss (Mittlerer Schulabschluss oder Abitur), eine Schwäche für Zahlen und möchten gern in einem Hotel arbeiten?
Wir bieten Ihnen einen interessanten Ausbildungsplatz mit der Möglichkeit, bundesweit in verschiedenen Hotels zu arbeiten.
Bei gutem Abschluss spätere Übernahme in Festanstellung möglich!
Bewerbungen an: Iris-Hotels Deutschland, Personalabteilung

f

Wir sind ein gut eingeführtes Sporthotel in einer traumhaften Skiregion und suchen für die Wintersaison (Anfang Dezember – Ende April)

eine/n ausgebildete/n Koch/Köchin.

Überdurchschnittlich gute Bezahlung, Unterkunft wird auf Wunsch gestellt.
Der Schwerpunkt unserer Speisekarte sind alpenländische Spezialitäten, wir bieten aber auch italienische Speisen an.
Interessiert? Dann freuen wir uns auf Ihre aussagekräftigen Bewerbungsunterlagen!
Chiffre ALP – 4681

g

Praktikumsplatz auf Mallorca!

Sie sind mindestens 16 Jahre alt und wollen das Angenehme mit dem Nützlichen verbinden? Sie möchten die Arbeit in einem Hotelbetrieb in einer klassischen Ferienregion kennenlernen? Dann machen Sie ein Praktikum in unserem Hotel mit internationalem Flair direkt am Meer!
Dauer: 4 Wochen
Zeitraum: Juli und August
Bezahlung: Unterkunft und Verpflegung werden gestellt.
Mehr Informationen unter www.mallorca-hotel.com/praktikum

h

Biergarten am See

Der Sommer kommt – und mit ihm die Biergartensaison!
Deshalb suchen wir zur Verstärkung unseres Teams eine **erfahrene Kellnerin in Teilzeit** für nachmittags (13–17 Uhr).
Zeitliche Flexibilität erforderlich, da der Biergarten bei Regen geschlossen bleibt!
Dafür bieten wir Ihnen außer einem fairen Grundgehalt und einer guten Arbeitsatmosphäre auch die Möglichkeit zu Zusatzschichten am Wochenende nach Absprache.
Zur Verabredung eines Vorstellungstermins rufen Sie bitte die 845 678 an.

Lesen (Globalverstehen) – Kurze Texte

P ZD Lesen Sie zuerst die 10 Überschriften. Lesen Sie dann die 5 Texte und entscheiden Sie, welcher Text (1–5) am besten zu welcher Überschrift (a–j) passt.

Tipps zum Lesen
1. Lesen Sie die Überschriften zuerst.
2. Lesen Sie die Texte global, nicht Wort für Wort.
3. Finden Sie das Thema der Texte heraus. Markieren Sie Schlüsselwörter.

1 Momentan ist es heißer als heiß. Trinken, trinken, trinken lautet deshalb die Devise, das weiß jeder. Wir sind ausreichend darüber informiert, was man bei diesen Temperaturen essen soll: wenig Fleisch, noch weniger Fett, viel Obst und Gemüse, frische Sommersalate, am besten vegetarisch. Wo?
Keine Sorge, dafür gibt es ja uns!
www.marcellinos.de

2 Italienisch essen? Italien mit Herz und Zunge genießen? Wo könnte man das nördlich der Alpen besser als in München? Jedes zehnte Restaurant an der Isar ist ein Italiener. Die Auswahl ist gewaltig: Wo soll man hin? Was sollte man probieren? Antworten finden Sie in unserer aktuellen Serie auf unserer Homepage **www.az-gastro.de**

3 Man(n) kocht heute selbst – auch ohne Küchenerfahrung. In diesem Buch finden Sie die tollsten Rezepte, einfach und genau erklärt, in vier Schwierigkeitsgrade aufgeteilt. Auch Ungeübte bringen damit erstaunlich leckere Mahlzeiten zustande. Alles gut „gewürzt" mit vielen witzigen Notizen. Wie wäre es mit einem indonesischen Fleischtopf?
www.edition-xxl.de

4 Alkoholische Getränke werden sehr gern gekauft. Trotzdem ist der Alkoholverbrauch im letzten Jahrzehnt deutlich gesunken. Er liegt gegenwärtig bei 9,5 Litern/Kopf jährlich. Es zeigen sich deutliche Rückgänge bei Bier und Spirituosen. Die Verbraucher wissen, dass hoher Alkoholkonsum gesundheitsschädlich ist.
Arbeitsgemeinschaft Ernährungsverhalten e. V.
www.agev-rosenheim.de

5 Jede Woche erscheinen weitere, nicht gerade billige, modische Diäten auf den Seiten vieler Frauenmagazine. In Wahrheit wissen wir, dass sie nicht die Antwort auf unser Problem mit Übergewicht sind. Trotzdem fangen wir immer wieder Diäten an und geben viel Geld aus, nur um nach wenigen Wochen wieder beim alten Gewicht zu sein. Wir geben Ihnen einen kritischen Überblick über verschiedene Diäten.
Mehr Infos unter: www.sinnvoll-abnehmen.de

a) Viel Alkohol schadet der Gesundheit ☐
b) Italienisch kochen in München ☐
c) Tagestipp: Indonesisch essen gehen ☐
d) Italienisch essen in München ☐
e) Preiswert abnehmen! ☐
f) Teure Diäten helfen nicht ☐
g) Deutsche kaufen mehr Alkohol ☐
h) Leichte Kost bei großer Hitze ☐
i) Rezepte für Vegetarier ☐
j) Rezepte für Kochanfänger ☐

Lesen – Produktinformationen ...

P DTZ Lesen Sie den Text. Entscheiden Sie, ob die Aussagen 1–3 richtig oder falsch sind.

DFV – Deutsche Familienversicherung – Die Kasse für Ihre Gesundheit

Unser Bonusprogramm für gesundheitsförderndes Verhalten:

Teilnahmebedingungen

Teilnahmeberechtigter Personenkreis

Teilnehmen können alle Mitglieder der DFV ab dem vollendeten 14. Lebensjahr. Die Teilnahme ist freiwillig.
Für mitversicherte und selbst versicherte Kinder unter 14 Jahren können durch den erziehungsberechtigten Elternteil spezielle Kinderbonushefte angefordert werden. Kinderbonushefte können nur durch den gesetzlich vertretenden Elternteil eingelöst werden.

Beginn und Ende der Teilnahme

Die Teilnahme am Bonusprogramm beginnt mit einer entsprechenden Erklärung des Versicherten. Sie gilt grundsätzlich für zwölf Monate. Nach der Anmeldung erhält der Teilnehmer das Bonusheft.
Bei Abgabe des ausgefüllten Bonusheftes bei der DFV kann man die Teilnahme für ein weiteres Jahr erklären und erhält anschließend ein neues Bonusheft.
Mit dem Einreichen des Bonusheftes erklärt der Teilnehmer seine Aktivitäten für den jeweiligen Teilnahmezeitraum als beendet. Die erneute Teilnahme kann frühestens nach Ablauf der zwölf Monate erfolgen und bedarf einer erneuten schriftlichen oder elektronisch übermittelten Erklärung. Ein erneuter Heftversand für das bereits beendete Teilnahmejahr ist grundsätzlich nicht möglich. Bei Beendigung der Versicherung bei der DFV endet die Teilnahme am Bonusprogramm automatisch.

Bonusleistungen

Die DFV gewährt einen Bonus insbesondere für die Inanspruchnahme von Leistungen zur Früherkennung von Krankheiten und qualitätsgesicherten Leistungen zur Vorsorge wie z. B. den von der DFV für ihre Mitglieder kostenlos angebotenen Rückenkursen.
Maßnahmen, für die ein Bonus gewährt werden kann, sowie deren Anzahl sind im Bonusheft aufgeführt.

Prämien

Der Versicherte erhält eine Geldprämie. Näheres wird im Bonusheft beschrieben. Bei Verlust, Diebstahl oder sonstigem Abhandenkommen des Bonusheftes kann der Anspruch auf die Prämie nur gewährt werden, wenn die Durchführung der Maßnahmen auf andere Weise nachgewiesen wird.

1. Für Kinder gibt es spezielle Unterlagen. Richtig Falsch
2. Die Teilnahme wird automatisch verlängert. Richtig Falsch
3. Für die Teilnahme am Bonusprogramm bekommt man kostenlose Kurse. Richtig Falsch

28 Geschichte

1 Geschichte in Bildern und Texten

Lesen Sie die Texte auf Seite 42–43 noch einmal und ergänzen Sie die Sätze.

1. Der Zweite ______________ begann 1939 mit dem Überfall Deutschlands auf Polen. In diesem Krieg haben über 50 ______________ Menschen ihr Leben ______________.
2. Seit Mitte der 50er Jahre erholte sich die ______________ und Deutschland brauchte ausländische ______________. Die ersten Gastarbeiter kamen allein, wollten schnell Geld ______________ und dann wieder nach Hause fahren. Für viele wurde Deutschland ihre zweite ______________.
3. Die nach dem Krieg geborene ______________ wollte anders leben als ihre ______________. Die jungen Leute ______________ gegen die Atomkraftwerke und die ______________. Auch Energiesparen und ökologische ______________ wurden wichtige politische Themen.
4. Am 9. November öffnete die DDR die ______________. Die DDR-Bürger durften zum ersten Mal seit fast 40 Jahren wieder frei ______________.

verloren • Millionen • Mauer • Weltkrieg • reisen • Umweltverschmutzung • Wirtschaft • Arbeitskräfte • Heimat • verdienen • Landwirtschaft • Eltern • protestieren • Generation

2 Geschichte hören – ein Interview

3.34

P

Sie hören nun ein Gespräch. Dazu sollen Sie zehn Aufgaben lösen. Hören Sie das Gespräch zweimal. Entscheiden Sie beim Hören, ob die Aussagen 1–10 richtig oder falsch sind.

	R	F
1. Herr Brode kann sich an diesen Tag nicht sehr gut erinnern.	☐	☐
2. Er war an diesem Tag bei der Arbeit.	☐	☐
3. Als er nach Hause kam, saß seine Frau schon vor dem Fernseher.	☐	☐
4. Seine Frau hat den Fernseher immer an, wenn sie zu Hause ist.	☐	☐
5. Für Herrn Brode war das zuerst alles wie in einem Film.	☐	☐
6. Frau Stoll wohnt in Südamerika.	☐	☐
7. Sie war in dieser Zeit in Urlaub.	☐	☐
8. Im Dorf gab es keinen elektrischen Strom.	☐	☐
9. Sie hat vom 11. 9. zuerst gar nichts erfahren.	☐	☐
10. Erst in Europa hat sie wirklich gefühlt, was am 11. 9. passiert war.	☐	☐

3 Zwanzig Jahre

P **Welche Wörter passen hier? Kreuzen Sie an: a, b oder c. Es gibt nur eine richtige Lösung.**

Man ①, dass Menschen sich bei sehr wichtigen Ereignissen oft sehr genau an den Ort erinnern können, an dem sie von diesem Ereignis ② haben. Als ich vom Fall der Mauer erfuhr, war ich in Korea. Ich unterrichtete Deutsch. Schon Monate zuvor, als Ungarn die Grenze nach Westen öffnete, fragten ③ die Lernenden immer wieder: „Macht die DDR jetzt auch die Grenze auf?“ „Nein, das kann nicht sein“, antwortete ich. Ich ④ mir das nicht vorstellen. Dann kam der 9. November. Ich kam ⑤ Hause und sah im Fernsehen die Bilder vom Fall der Mauer. Es war unglaublich. Am nächsten Tag fragten mich die Koreaner wieder: „Was meinen Sie, jetzt kommt doch die Wiedervereinigung, oder?“ Ich beantwortete die Frage nicht. Ich glaubte es ⑥ wirklich, aber plötzlich war alles möglich.

1.	2.	3.	4.	5.	6.
a weiß	a erfuhr	a mir	a konnte	a zu	a nicht
b wissen	b erfährt	b sich	b kannst	b nach	b niemand
c gewusst	c erfahren	c mich	c gekonnt	c bei	c kein

4 Wichtige Daten – berühmte Personen

Wiederholung: Präteritum – Ergänzen Sie die Verben.

Vier berühmte Leute aus deutsprachigen Ländern

1. Der Komponist Ludwig van Beethoven (1770–1827) ____________ (kommen) aus Bonn. Er ____________ (gehen) 1792 nach Wien und ____________ (wohnen) dort 35 Jahre bis zu seinem Tod. Die letzten 32 Jahre von seinem Leben ____________ (hören) er schlecht und ____________ (sein) seit 1818 gehörlos.

2. Der Physiker Albert Einstein (1879–1955) ____________ (veröffentlichen) die „Allgemeine Relativitätstheorie“ im Jahr 1905. Damit ____________ (verändern) er unser Bild von der Welt. 1933 ____________ (fliehen) er vor den Nazis in die USA.

3. Die Österreicherin Bertha von Suttner (1843–1914) ____________ (schreiben) mit „Die Waffen nieder“ einen Roman, mit dem sie viele Menschen für die Friedensbewegung ____________ (gewinnen). 1905 ____________ (erhalten) sie den Friedensnobelpreis.

4. Die schweizerische Erzählerin und Jugendbuchautorin Johanna Spyri (1827–1901) ____________ (beschreiben) in ihren Büchern die Menschen und Landschaften ihrer Heimat. Weltberühmt ____________ (werden) ihre Geschichten um Heidi und ihren Großvater.

5 Vergangenheit: schriftlich und mündlich

3.35 **5.1 Hören Sie zu und schreiben Sie dann einen Text über Adelina im Präteritum.**

1999 von Argentinien nach Deutschland – zuerst: Sprachkurs – sechs Monate – danach: mittlere Reife an der Abendrealschule – 2002: Lehre als Automechanikerin – einige Jahre nicht zu Hause – am Anfang viel Heimweh – im letzten Jahr nach Argentinien – Familie – schöne Zeit zusammen

Adelina kam 1999 von Argentinien ...

kommen • machen • dauern • anfangen • sein • haben • fahren • besuchen • fliegen

5.2 Schreiben Sie einen ähnlichen Text im Präteritum über sich selbst.

6 Zeitpunkt in der Vergangenheit: *als*

Schreiben Sie die Sätze mit den Verben im Präteritum.

1. nach Deutschland / als / Pjotr / kommen, / kein Wort Deutsch / er noch / sprechen / .
2. als / ich / einen Beruf / suchen, / es / schwer / sein, / zu / Arbeit / finden / .
3. als / Pjotr / sein Abitur / haben, / er / wissen / nicht, / was / er / werden / wollen / .
4. ich / als / ein kleines Kind / sein, / meine Familie / in Kiew / wohnen / .
5. als / 15 / ich / sein, / umziehen / nach Deutschland / wir / .
6. er / 14 / als / sein, / Pilot / er / werden / wollen / .

1. Als Pjotr nach Deutschland kam, ...

7 Zuerst – danach: *nachdem*

Plusquamperfekt und Präteritum – Markieren Sie, was zuerst kam, und ergänzen Sie die Sätze.

1. Darja ____________ nach Deutschland ________ (auswandern), nachdem sie in Kasachstan das Abitur ____________ (machen).
2. Nachdem sie genug Deutsch ____________ (lernen), ____________ sie eine Banklehre (machen).
3. Nachdem sie die Lehre ____________ (beenden), ____________ (bekommen) sie eine Stelle bei der Citybank.
4. Nachdem sie dort drei Jahre ____________ (arbeiten), ____________ (gehen) sie für zwei Jahre nach Moskau.

8 Gastarbeiter, Migranten ...

Plusquamperfekt – Verbinden Sie die Sätze wie im Beispiel.

1. Sergio arbeitete zehn Jahre als Elektriker. Er machte seine eigene Firma auf.
2. Chim wurde arbeitslos. Er machte ein vietnamesisches Restaurant auf.
3. Natascha arbeitete drei Jahre bei einer Bank. Sie bekam eine Stelle in Moskau.
4. Anthony lebte drei Jahre in Österreich. Er konnte kein scharfes Essen mehr essen.
5. Frau Schmieder hörte auf zu arbeiten. Sie half Familien mit Kindern.
6. Ich bestellte ein Taxi. Ich wartete noch 30 Minuten vor der Tür.

1. Nachdem Sergio zehn Jahre als Elektriker gearbeitet hatte, machte er ...
Sergio machte seine eigene Firma auf, nachdem ...

9 Europa und ich
Ergänzen Sie den Text.

Lucie und Sebastian Berger sind eine europäische Familie. Die bei_ _ _ haben si_ _ bei ei_ _ _ EU-Prog_ _ _ _ in Schottland kennengelernt. S_ _ leben im Mom_ _ _ in Bayern, aber s_ _ können si_ _ auch g_ _ vorstellen, da_ _ sie in Frankreich leben od_ _ auch in ei_ _ _ anderen La_ _. Lucie fin_ _ _ an d_ _ EU v_ _ allem g_ _, dass s_ _ die Mens_ _ _ _ zusammenbringt u_ _ dass es i_ Mitteleuropa se_ _ über 60 Jah_ _ _ keinen Kr_ _ _ mehr geg_ _ _ _ hat. S_ _ versteht ni_ _ _, warum so vi_ _ _ Leute An_ _ _ vor d_ _ EU ha_ _ _, und me_ _ _, dass d_ _ Verordnungen u_ _ Gesetze von d_ _ EU meis_ _ _ _ den Bür_ _ _ _ helfen. S_ _ nennt z_ _ Beispiel d_ _ Handytarife, d_ _ erst du_ _ _ eine Veror_ _ _ _ _ aus Brüssel billiger gewo_ _ _ _ sind. Lucie glaubt, dass die EU bürgerfreundlicher ist, als die meisten Menschen glauben.

10 Drei Meinungen zu Europa
Ergänzen Sie die Sätze.

Frieden • Kultur • Chancen • Pass • ~~Visum~~ • Bürokratie • Währung • Kriege

1. Ich finde falsch, dass man als Vietnamese ein *Visum* für Europa braucht.
2. Meiner Meinung nach ist die gemeinsame ______________, der Euro, eine gute Idee.
3. Ein Vorteil ist, dass die Europäer ohne ______________ in der EU reisen können.
4. Viele meinen, dass es in Europa noch viel zu viel ______________ gibt.
5. Es ist toll, dass die EU für junge Leute viele berufliche ______________ bietet.
6. Bis 1945 gab es in Europa sehr viele ______________. Das ist hoffentlich für immer vorbei.
7. Für mich ist der ______________ seit über 60 Jahren das Wichtigste an der EU.
8. Für viele Menschen in der Welt ist Europa vor allem ______________: Musik, Theater …

11 Meine Meinung
Wählen Sie drei Satzanfänge aus und schreiben Sie Meinungen zu Themen Ihrer Wahl. Vergleichen Sie im Kurs.

Mein Land und die EU • Mein Land und Deutschland • Familien • Schule • Arbeit • …

1. Ich glaube, dass …
2. Ich bin (nicht) der Meinung, dass …
3. Ich finde es einen Vorteil, wenn …
4. Ich denke, es ist ein Nachteil, wenn …
5. Ich bin sicher, dass …
6. Ich denke, man muss …

1. Ich glaube, dass man in südlichen Ländern ruhiger lebt als in Deutschland.

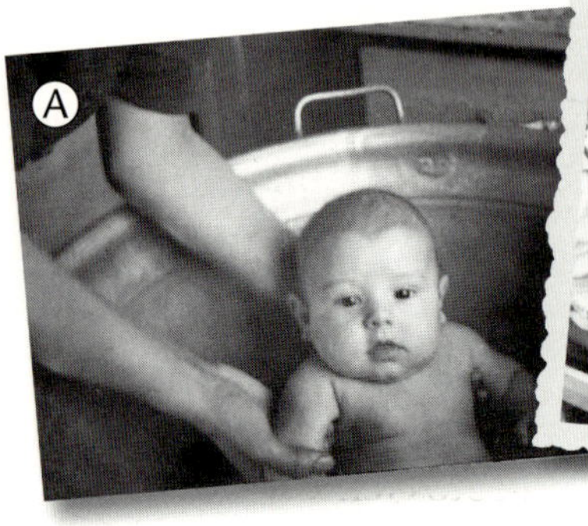

Das Fotoalbum

Meine Großmutter war über achtzig, als sie in ein Altenheim umzog. Wir waren gerade am Packen, als sie mir eine große, bunte Blechschachtel brachte, in der einmal Lebkuchen verpackt waren. „Such dir aus, was du willst“, sagte sie. Ich öffnete die Schachtel. Darin waren viele Briefe, Urlaubskarten und vier nummerierte Umschläge – die Sammlung eines ganzen Lebens.

Ich setzte mich auf das alte Sofa, auf dem sie mir als Kind Geschichten vorgelesen hatte, und öffnete den ersten Umschlag. Im Umschlag waren alte, vergilbte Fotos. Die Menschen blickten steif und ernst in die Kamera. Sie hatten ihre besten Kleider an. Es muss ein besonderer Anlass gewesen sein, ein Fest, ein Jubiläum. Auf manchen stand auf der Rückseite die Jahreszahl. Ein Foto fiel mir besonders auf: ein junger Mann in Militäruniform. Selbstbewusst blickt er in die Kamera. Auf der Rückseite steht „Frankreich 1916“. Mein Großvater. Die meisten Personen auf den Bildern kannte ich nicht. Verwandtschaft? Meine Großmutter hatte neun Geschwister, die alle ihre eigene Familie gegründet haben, mit Kindern und Enkelkindern.

12 Biografien

12.1 Lesen Sie und ordnen Sie die Fotos A–F den Umschlägen 1–4 zu.

P

12.2 Lösen Sie die Aufgaben 1–5. Kreuzen Sie an: a, b oder c.

1. In der Schachtel sind …
   - [a] Kuchen.
   - [b] alte Fotos.
   - [c] Fotos, Briefe und Postkarten.

2. Die ältesten Fotos sind …
   - [a] alle von etwa 1914–18.
   - [b] alle von Familienfeiern.
   - [c] alle aus Frankreich.

3. Die meisten von den Fotos …
   - [a] zeigen die Familie.
   - [b] sind Urlaubsfotos.
   - [c] zeigen die Natur.

4. Die Großmutter hatte …
   - [a] viele Geschwister.
   - [b] nur einen Enkel.
   - [c] einen Fotoapparat.

5. Der Erzähler …
   - [a] ist Fotograf von Beruf.
   - [b] bekam mit 12 einen Fotoapparat.
   - [c] nimmt alle Fotos mit.

12.3 Textarbeit – Wählen Sie …

1. … zehn Wörter aus dem Text aus, die Sie lernen möchten und schreiben Sie Lernkarten.
2. … einen Abschnitt, den Sie genau verstehen möchten. Arbeiten Sie mit dem Wörterbuch.
3. … einen Abschnitt aus, mit dem Sie „laut lesen“ üben.

12.4 Schreiben Sie drei Fragen, die Sie der Großmutter gerne stellen möchten. Vergleichen Sie im Kurs.

(E)

(F)

Im zweiten Umschlag entdeckte ich die ersten Amateuraufnahmen – Menschen bei einem Ausflug, am See, in den Bergen, auf einer Familienfeier. Viele Bilder waren unscharf, aber ich erkannte die meisten Personen: meine Großeltern, meine Mutter, meinen Onkel, meine Tante. In diesem Umschlag war also die Familie meiner Großmutter versammelt. Die Fotos zeigten ihr Familienleben und ihre Kinder in verschiedenen Altersstufen bis zur Hochzeit.
Im dritten Umschlag fand ich Fotos von mir als Baby, als Kind, als Jugendlicher, als Erwachsener. Die späteren Fotos hatte ich zum Teil selbst gemacht, um meiner Großmutter mein Leben zu zeigen. Dabei war auch das erste Foto von mir als Baby und kleines Kind: Meine Mutter badet mich in einer kleinen Badewanne. Ich lerne gehen und die Hand eines Erwachsenen hilft mir dabei. Ich lerne fahren: das erste Dreirad, ein Schlitten, Skier, ein Fahrrad. Mein Leben als Kind war fast lückenlos dokumentiert, wahrscheinlich weil ich das erste Enkelkind war. Es folgten Bilder vom Karneval und vom ersten Schultag. Auf einem Bild sind alle Männer der Familie vor einem Fernsehgerät versammelt. Sie lachen fröhlich in die Kamera und trinken Bier. Auf der Rückseite steht: „Wir sind Weltmeister!"
Auf den übrigen Schwarz-Weiß-Fotos fehle ich. Mit zwölf bekam ich meinen ersten Fotoapparat. Ich begann zu fotografieren: meine Familie, meine Freunde, mein Kaninchen, meine Wellensittiche.
Im vierten und letzten Umschlag waren Farbfotos. Ein paar Urlaubsbilder waren dabei: aus Italien, Frankreich, Spanien, Amerika und Asien. Die Enkelkinder entdeckten die Welt und zeigten sie der Großmutter, die ihr Leben lang nie im Ausland war.
Ein Foto zeigt meinen Neffen in Berlin, wie er mit einem Hammer einen großen Brocken aus der „Mauer" schlägt. Das Souvenir liegt seitdem in Großmutters Schrank.
Dann wiederholten sich die Motive: Babys, Kleinkinder, Schulkinder. Meine Kinder, die Kinder von meinem Bruder. Das Familienalbum war komplett. Die Urenkel schrieben die letzte Seite. Fast einhundert Jahre Geschichte waren in der Schachtel versammelt. Ich suchte mir einige Fotos aus und machte daraus ein Album mit Schnappschüssen, Familiendokumenten und Erinnerungen.

Aussprache: Satzakzent

1 Hören Sie und markieren Sie die Satzakzente in den Teilsätzen.

3.36 Als die Nazis an die Macht kamen, mussten viele Menschen aus Deutschland fliehen.
Als der Krieg zu Ende war, war halb Europa zerstört.
Als das Wirtschaftswunder begann, kamen viele Menschen nach Deutschland zum Arbeiten.

2 Einen Text lesen – Hören Sie und sprechen Sie nach.

3.37 Mit dem Wirtschaftswunder | kamen die „Gastarbeiter".↘ ||
Als Erste waren 1955 Italiener gekommen.↘ || Ihnen folgten andere Südeuropäer.↘ ||
Junge Männer, | die in kurzer Zeit viel Geld verdienen | und dann nach Hause fahren wollten. ↘

TIPP Einen Text vorbereiten: Markieren Sie …
a) die kleinen (|) und die großen Pausen (||),
b) die Satzakzente stark (Gastarbeiter) und schwach (Wirtschaftswunder),
c) die Sprechmelodie am Satzende (↘ ↗).
Vergessen Sie die Pausen am Satzende nicht. Sehen Sie beim Vortragen Ihre Zuhörer an.

29 Männer und Frauen

1 Liebe?

1.1 Wiederholung: Wortschatz – Wie viele Eigenschaften finden Sie?

n	v	o	l	n	g	l	ü	c	k	l	i	c	h	t
e	ä	n	g	s	t	l	i	c	h	d	u	m	m	r
u	s	e	l	b	s	t	s	t	ä	n	d	i	g	a
g	p	s	x	h	j	l	y	b	l	o	n	d	h	u
i	ü	t	d	e	b	a	m	o	d	i	s	c	h	r
e	n	a	a	r	e	n	p	p	l	a	u	t	j	i
r	k	r	m	z	r	g	a	e	r	l	e	d	i	g
i	t	k	p	l	ü	w	t	l	a	n	g	s	a	m
g	l	d	e	i	h	e	h	ä	s	s	l	i	c	h
v	i	i	f	c	m	i	i	g	e	s	u	n	d	y
b	c	c	b	h	t	l	s	u	j	m	k	y	n	d
e	h	k	s	n	o	i	c	f	m	t	l	l	e	t
k	x	t	c	q	s	g	h	a	l	k	e	i	t	h
z	f	r	e	u	n	d	l	i	c	h	i	e	t	u
s	g	r	o	ß	z	ü	g	i	g	k	n	b	t	h

1.2 Ordnen Sie die Eigenschaften aus 1.1 in die Tabelle und ergänzen Sie weitere.

Charakter	Aussehen	Sonstiges
glücklich		

1.3 Finden Sie die Gegensätze. Arbeiten Sie auch mit dem Wörterbuch.

glücklich – unglücklich, traurig – …

1.4 Ergänzen Sie die Adjektive.

1. Franziska lacht nie. Ich glaube, dass sie sehr _ _ _ _ _ _ _ ist.
2. Ein _ _ _ _ _ _ _ _ _ _ _ Mensch kommt nie zu spät.
3. Sie hat viele Freunde durch ihren _ _ _ _ _ _ _ _ _ _ _ _ Charakter.
4. Ilka ist nur 1,56 Meter _ _ _ _ und hat auch sehr _ _ _ _ _ _ Füße.
5. Mit einer _ _ _ _ _ _ _ _ _ _ _ Person sollte man nicht Riesenrad fahren.
6. Mein neuer Nachbar ist mir sehr _ _ _ _ _ _ _ _ _ _ _.

sympathisch • groß • kleine • pünktlicher • freundlichen • traurig • ängstlichen

2 Wie Anna und Michael sich kennenlernten

3.38 **2.1 Ergänzen Sie den Dialog und hören Sie zur Kontrolle.**

a) Ich habe öfter angerufen
b) sind jetzt seit
c) dass ich jetzt allein wohne
d) Michael kann auch zuhören
e) aber schon länger
f) da wusste ich, was er wollte
g) das konnten Männer immer schon sehr gut
h) da ist er nicht gleich gegangen
i) zum ersten Mal miteinander geredet

● Wir ____________ (1) zwei Jahren ein Paar. Ich kenne Michael ____________ (2), weil er immer wieder mal in meiner Firma war.

○ Ja, das ist einfach zu erklären. Ich bin Telefontechniker und ich betreue auch die Firma, in der Anna arbeitet. Zum ersten Mal habe ich sie gesehen, als ich die neue Telefonanlage im Büro von Anna installiert habe. Und da haben wir dann ____________ (3).

● Ja, das Übliche halt, was man so redet. Aber als Michael mit seiner Arbeit fertig war, ____________ (4). Er hat dann noch so herumgedruckst. Er wollte einfach nicht gehen, aber ich hatte einen Termin und musste weg.

○ Aber das Gute war ja, da ich für Annas Firma gearbeitet habe, konnte ich immer nachfragen, ob alles okay ist, ob alles funktioniert. ____________ (5), bis es endlich ein Problem gegeben hat und ich wieder hinkonnte.

● Eigentlich gab es ja gar kein Problem mit der Telefonanlage, aber als Michael immer wieder anrief, ____________ (6). Ich habe ihn dann einfach zum Mittagessen eingeladen.

○ So war das, genau! Ja, und dann habe ich Anna von meiner Ex-Freundin erzählt und dass wir ein gemeinsames Kind haben. Und ich habe ihr auch erzählt, ____________ (7).

● Ja, ja, ____________ (8): erzählen, erzählen, vor allem aus ihrem Leben! Aber als ich dann über mich sprach und aus meinem Leben erzählte, da merkte ich: ____________ (9), sehr gut zuhören.

2.2 Eine Beziehung – Was passiert zuerst und was dann? Bringen Sie die Ausdrücke in eine sinnvolle Reihenfolge.

- ☐ ein Kribbeln im Bauch haben
- ☐ es tut mir/ihr/ihm leid, dass …
- ☐ getrennt sein
- ☐ keine Worte finden
- ☐ sich streiten
- ☐ sich sympathisch finden
- ☐ traurig sein

- ☐ enttäuscht sein von …
- ☐ gemeinsam alt werden
- ☐ sich gern haben
- ☐ sich verlieben
- ☐ sich kennenlernen
- ☐ sich versöhnen

2.3 Liebesgeschichte – Schreiben Sie die Geschichte über zwei Verliebte zu Ende. Benutzen Sie die Wörter und Ausdrücke. Lesen Sie Ihre Geschichte im Kurs vor.

anfangs • zuerst • sofort • gleich • es dauerte nicht lange • immer • oft • dann • einmal • später • nach zwei Jahren • vier Jahre später • schließlich

> Meine Freunde haben sich im Jahr 2011 bei Bekannten auf einer Geburtstagsfeier kennengelernt. Sie waren sich gleich sympathisch und haben sich sofort verliebt. Sie haben sich anfangs jeden Tag gesehen. Meine Freundin Gabi hatte immer so ein Kribbeln im Bauch und Tim war auch sehr nervös, wenn sie sich getroffen haben. Tim war sehr in meine Freundin verliebt. Er konnte oft keine Worte finden. Dann ...

2.4 Schreiben Sie eine eigene Geschichte nach dem Beispiel in 2.3.

3 Liebenswürdigkeiten und Macken
Ergänzen Sie den Text.

Also, *mein Schatzi* hat viele posi_ _ _ Eigenschaften, aber au_ _ einige negative. W_ _ mich wirklich im_ _ _ ärgert, ist, da_ _ *mein Schatzi* n_ _ die Schranktüren zum_ _ _ _. *Mein Schatzi* verg_ _ _ _ einfach, Türen u_ _ Schubladen zuzumachen. In d_ _ Küche stört mi_ _ das am mei_ _ _ _. *Mein Schatzi* st_ _ _ das überhaupt ni_ _ _ und wenn i_ _ etwas sage, la_ _ _ *mein Schatzi* n_ _.
Was ich an *meinem Schatzi* toll fi_ _ _, ist, dass *mein Schatzi* so vi_ _ Humor hat. M_ _ kann immer Sp_ _ mit *meinem Schatzi* ha_ _ _, wirklich im_ _ _. Wenn ich mal so rich_ _ niedergeschlagen bin, baut *mein Schatzi* mich a_ _. *Mein Schatzi* ka_ _ sehr gut zuh_ _ _ _. Mit *meinem Schatzi* kann i_ _ wirklich durch Dick und Dünn ge_ _ _.

4 Weder ... noch ...
Zweiteilige Konjunktionen – Ergänzen Sie die Sätze.

nicht nur ..., sondern auch • sowohl ... als auch • sowohl ... als auch • entweder ... oder • entweder ... oder • entweder ... oder • weder ... noch • Weder ... noch

1. Mehmet spricht ________ ________ Arabisch und Französisch, ________ ________ Deutsch.
2. Ich habe keine Probleme im Betrieb: ________ mit den Kollegen ________ mit meinem Chef.
3. Du musst dich jetzt entscheiden: ________ du kommst mit ________ du bleibst zu Hause.
4. Ich muss ________ am Samstag ________ ________ am Sonntag für meine Prüfung lernen.
5. Bei unserem PC sind ________ die Tastatur ________ ________ die Maus kaputt.
6. Es gibt zwei Möglichkeiten: ________ du verlässt Petra ________ du ziehst hier aus.
7. Sophie hat kein Geld. ________ auf ihrem Girokonto ________ auf ihrem Sparbuch ist ein Cent.
8. Sophie braucht ________ einen guten Job ________ einen reichen Freund.

5 Macken
Wiederholung: Nebensätze – Schreiben Sie die Sätze.

1. Es stört mich, / er / zumachen / die Türen / nie / dass
2. Es ärgert mich, / mir / nicht zuhören / wenn / er
3. Das Problem ist, / dass / ihre Zeit / meine Freundin / einteilen können / nicht gut
4. Wenn / bekommen / noch mehr Strafzettel / er / , dann ist der Führerschein weg.
5. Ich finde es schrecklich, / unpünktlich sein / dass / so / sie
6. Es ärgert mich, / einen Termin / vergessen / sie / wenn
7. Es ist toll, / er / dass / mein Deutsch / immer / verbessern
8. Ich finde es furchtbar, / er / beim Essen / wenn / nicht ausschalten / sein Handy

1. Es stört mich, dass er die Türen nie zumacht.

6 Gegensätze ausdrücken – Nebensätze mit *während*

6.1 Ein Paar mit Gegensätzen – Ordnen Sie 1–7 und a–g zu.

Jennifer …
1. liebt Actionfilme.
2. isst sehr gerne Fisch.
3. findet Fußball langweilig.
4. geht gerne in die Disco.
5. könnte immer am Strand spazieren gehen.
6. liest gerne lange Romane.
7. schläft bei klassischer Musik ein.

Markus …
___ a) bekommt von lauter Musik Ohrenschmerzen.
___ b) hat kein Interesse an Literatur.
___ c) hasst alles, was aus dem Meer kommt.
___ d) hält Mozart für den größten Komponisten.
___ e) würde gerne jedes Spiel vom 1. FC sehen.
_1_ f) sieht gerne Komödien an.
___ g) mag nur Wanderungen in den Bergen.

6.2 Schreiben Sie zu 6.1 Sätze mit *während*.

1f Jennifer liebt Actionfilme, während Markus gerne Komödien ansieht.
Während Jennifer Actionfilme liebt, …

7 Wenn falsche Worte fallen – Killerphrasen

Was bedeuten 1–5: a oder b? Lesen Sie den Text auf Seite 56 noch einmal. Kreuzen Sie an.

1. sich provoziert fühlen
   - [a] das Gefühl haben, dass ein anderer einen ärgern will
   - [b] das Gefühl haben, dass man gerne jemanden ärgern möchte
2. jemand ist schuld an etwas
   - [a] etwas passiert, weil jemand etwas falsch gemacht hat
   - [b] jemand hat sich Geld geliehen
3. etwas kommt falsch an
   - [a] die Person bekommt etwas zu spät
   - [b] die Person versteht etwas nicht richtig
4. bereit sein, etwas zu tun
   - [a] etwas nicht tun wollen
   - [b] etwas tun wollen
5. die Beziehung
   - [a] Möbel in eine neue Wohnung bringen
   - [b] die Verbindung zwischen Personen

8 Streitgespräche

8.1 Wiederholung: Imperativ – Schreiben Sie Imperativsätze in der Du-Form und Ihr-Form.

1. nicht so viel arbeiten
2. öfter mal die Wäsche aufhängen
3. sich am Wochenende mehr um die Kinder kümmern
4. nicht so viel im Internet surfen
5. nicht zu spät kommen

1. Arbeite nicht so viel.
Arbeitet nicht so viel.

8.2 Ich-Botschaften von einer Mutter – Schreiben Sie die Sätze.

1. Ich bin oft traurig, / muss / alles allein / ich / weil / machen
2. Mich ärgert, / überall / dass / ist / Unordnung
3. Ich wünsche mir, / wir / mehr / dass / machen / zusammen
4. Ich / jeden Tag / kochen / nicht / möchte
5. Ich / für mich / hätte / gerne / mehr Zeit

1. Ich bin oft traurig,
weil ich ...

3.39 ### 8.3 Aussprache: *s, st, sp, sch* – Hören Sie und sprechen Sie nach.

- Finden Sie diese Person sympathisch? ○ Nein, nicht besonders. Mich stört ... ich weiß auch nicht.
- Was stört dich am meisten? ○ Wenn jemand ständig alles besser weiß.
- Streitest du gern? ○ Nein, aber ich finde, dass man sich auch mal richtig streiten muss.
- Sönke spricht oft stundenlang über seine Beziehung. ○ Das verstehe ich nicht.

9 Elterngeld

In jedem Satz sind zwei Rechtschreibfehler. Korrigieren Sie.

1. Die meissten Menschen in Deutschland möchten in einer Famielie leben.
2. Deutschlant soll familienfräundlicher werden.
3. Deshalb hat die Bundesregirung 2007 das Elterngelt eingeführt.
4. Das Elterngeld soll die situation von Familien verbesern.
5. Die Vater können sich um ihre Kinder kimmern.
6. Die Frauen können schneler in ihren Beruf zurükkehren.

1. Die meisten Menschen in Deutschland möchten ...

10 **Die wichtigste Erfahrung meines Lebens!**
Wiederholung: Tagesablauf – Was macht Herr Lehner in seiner Elternzeit? Schreiben Sie einen Tagesablauf. Vergleichen Sie im Kurs.

Wann?
um 5 Uhr 30, um 23.15 Uhr … • morgens, nachmittags … • am Vormittag … • nach dem Essen, nach dem Schlafen … • dann, danach, später …

Was?
Windeln wechseln • Brei kochen • spazieren gehen • telefonieren • Fläschchen machen • Freunde treffen • Zeitung lesen • einkaufen gehen • Wäsche machen • kochen • die Wohnung putzen • duschen • spielen • schlafen • fernsehen • mit seiner Frau sprechen …

Morgens um 5 Uhr steht er auf und wechselt …

11 **Nebensätze mit *bis* und *bevor***
Schreiben Sie Sätze.

1. Erhan bleibt in Bielefeld.
2. Man muss einen Einstufungstest machen.
3. Wir warten.
4. Man muss einen Fahrschein kaufen.
5. Sie braucht einen Realschulabschluss.
6. Er hat mich dreimal angerufen.

Er hat den Deutschkurs beendet.
Der Deutschkurs beginnt.
Alle Leute sind in den Bus eingestiegen.
Man fährt mit der Straßenbahn.
Sie kann eine Lehre bei der Bank anfangen.
Er hat mich endlich erreicht.

1. Erhan bleibt in Bielefeld, bis er den Deutschkurs beendet hat.

12 **Pro und Contra: Familie oder Beruf?**
3.40–43
P
Sie hören Aussagen zu einem Thema. Lesen Sie zunächst die Sätze a–f. Sie haben dafür eine Minute Zeit. Entscheiden Sie dann beim Hören, welcher Satz zu welcher Aussage passt.

Nr.	1 Beispiel	2	3	4
Lösung	*e*			

a) Kinder oder Karriere – beides zusammen geht nicht.
b) Der Staat muss Familie und Beruf möglich machen.
c) Mein Beruf ist mir wichtig, Kinder möchte ich nicht.
d) Die Familie ist das Wichtigste im Leben.
e) Dazu müssen die Arbeitgeber die Voraussetzungen schaffen.
f) Das ist auch eine Frage des Geldes.

Schwierige Wörter

1 **Hören Sie und sprechen Sie langsam nach. Wiederholen Sie die Übung.**

3.44

Kaugummi. ↘ — oft Kaugummi. ↘ — Ich kaue oft Kaugummi. ↘
unordentlich. ↘ — sehr unordentlich. ↘ — Mein Onkel ist sehr unordentlich. ↘
Handy klingelt. ↘ — wenn das Handy klingelt. ↘ — Mich stört, wenn das Handy klingelt. ↘

2 **Welche Wörter sind für Sie schwierig? Schreiben Sie drei Lernkarten und üben Sie mit einem Partner / einer Partnerin.**

30 Krankenhaus

1 Im Krankenhaus

1.1 In welche Abteilung im Krankenhaus müssen diese Menschen?

1. ____________________

2. ____________________

3. ____________________

1.2 Gesundheitswortschatz – Markieren Sie die Wörter. Arbeiten Sie auch mit dem Wörterbuch. Machen Sie eine Tabelle wie im Beispiel.

ALLERGIETERMINZAHNSCHMERZENVERLETZUNGINTERNISTÜBERGEWICHTSALBEWUNDEGRIPPE
MEDIKAMENTRÜCKENSCHMERZENGYNÄKOLOGIESPRECHSTUNDETABLETTEVERSICHERTENKARTE
FIEBERNOTAUFNAHMECHIRURGIETHERAPIEWARTEZIMMEROPERATIONHERZPROBLEMEPFLASTER
KRANKSCHREIBUNGTROPFEN

Probleme	*Ärzte/Krankenhaus*	*Apotheke*
die Allergie		

1.3 Im Krankenhaus – Wählen Sie das richtige Verb und ergänzen Sie die Sätze.

Ich muss zuerst die Versichertenkarte ____________ (kaufen/zeigen/abholen) und das Aufnahmeformular ____________ (ausfüllen/mitbringen/schreiben). Dann ____________ (besuchen/machen/gehen) ich auf die Station. Die Krankenschwester ____________ (zeigen/reinigen/bringen) mir mein Bett. Dann ____________ (essen/warten/schlafen) ich auf den Arzt.

1.4 Berichten Sie über eine Krankheit. Ordnen Sie und schreiben Sie in der Vergangenheit (Perfekt/Präteritum). Benutzen Sie Satzverbindungen. Vergleichen Sie im Kurs.

zum Arzt gehen
ins Bett legen
Kopfschmerzen haben
nicht besser fühlen
in die Apotheke gehen
sich bei der Arbeit krankmelden
Fieber messen

zuerst
dann
danach
und
aber
am nächsten Tag/Morgen/Abend
später

Letzte Woche war ich krank. Zuerst hatte ich nur ..., dann ...

2 Ein Notruf

2.1 Ergänzen Sie die passenden Begriffe.

1. Ihre Kollegin ist auf der Treppe gefallen und hat sich am Kopf ____________.
2. Nach dem ____________ kann sie nicht mehr sprechen.
3. Die ____________ am Kopf blutet stark.
4. Sie rufen einen Krankenwagen. Der ____________ hat die Nummer 112.
5. Ihre Kollegin muss eine Woche im ____________ bleiben.
6. Sie kann nicht arbeiten. Ihr Mann bringt die ____________ ins Büro.

verletzt • Krankenhaus • Notruf • Unfall • Krankmeldung • Wunde

2.2 Der Rettungsdienst will nur das Wichtigste wissen. Markieren Sie die wichtigen Informationen.

Wie ist Ihr Name und von wo aus rufen Sie an?	Guten Tag. Bitte kommen Sie schnell. Es ist etwas Schreckliches passiert. Ich heiße Katja Lies. Ich bin die Oma von Sascha. Ich bin auf dem Spielplatz in der Ostendstraße. Sascha ist nach der Schule immer bei mir. Wissen Sie, ich wohne gegenüber in der Ostendstraße 96, im Erdgeschoss.
Was ist passiert?	Da war ein großer, alter Hund und Sascha wollte mit ihm spielen. Er liebt Tiere. Er möchte gerne ein Tier haben, aber das geht ja nicht. Seine Eltern arbeiten und er ist noch zu klein. Der Hund hat Sascha gebissen.
Wo ist der Unfall passiert?	Das ist auf dem Spielplatz passiert. Sascha geht so gerne auf den Spielplatz. Da kann ich doch nicht Nein sagen.
Wann ist der Unfall passiert?	Ich konnte gar nichts tun. Ich bin nicht mehr so schnell. Früher war ich sehr sportlich. Ja, gerade, der Unfall ist gerade vor fünf Minuten passiert.
Wie viele Personen sind verletzt?	Ja, da war noch ein anderes Mädchen mit seinem Vater. Sascha und das kleine Mädchen haben zusammen gespielt. Er spielt gerne mit anderen Kindern. Ich weiß nicht. Es ging alles so schnell.
Welche Verletzung hat das Kind?	Sascha weint so sehr. Sein Bein blutet stark. Ach, bitte kommen Sie schnell!

2.3 Ordnen Sie 1–8 und a–h zu.

1. Notruf Köln. Wie kann ich Ihnen helfen?
2. Wie ist Ihr Name?
3. Gut, Herr Kölmel. Wo ist der Unfall passiert?
4. Wann ist der Unfall passiert?
5. Was genau ist passiert?
6. Gibt es noch mehr Verletzte?
7. Welche Verletzungen hat Ihr Mitarbeiter?
8. Gut, Herr Kölmel. Wir sind gleich bei Ihnen.

___ a) Hier in Ensen, Gartenweg 27, bei Neuner.
___ b) Nein, zum Glück nicht.
___ c) Wir brauchen einen Krankenwagen.
___ d) Vor ungefähr zehn Minuten.
___ e) Ja, bitte kommen Sie schnell.
___ f) Er kann nicht laufen und hat den Arm gebrochen. Und er hat eine Verletzung am Kopf.
___ g) Ein Mitarbeiter ist beim Möbeltragen gestürzt. Ein Schrank ist auf ihn gefallen.
___ h) Kölmel. K-Ö-L-M-E-L.

3 Das Aufnahmegespräch

3.1 Welche Fragen hat Herr Schiller? Ergänzen Sie und vergleichen Sie im Kurs.

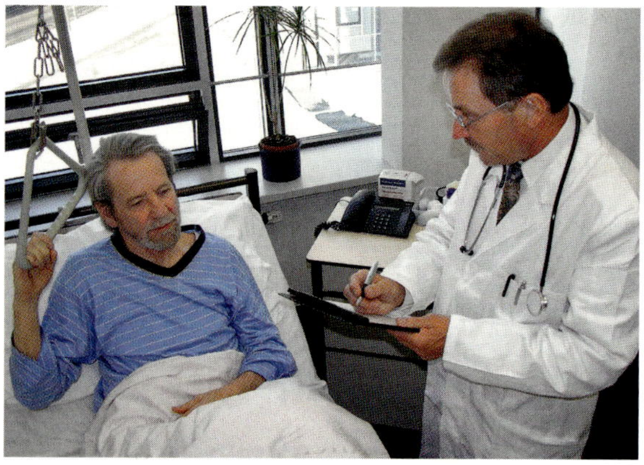

Herr Schiller: *Bekomme ich eine Narkose?*

Arzt: Ja, wir geben Ihnen eine Narkose. Sie merken von der Operation nichts.

Herr Schiller: *Wann* ____________

Arzt: Die Besuchszeit ist täglich von 9 bis 20 Uhr.

Herr Schiller: *Kann* ____________

Arzt: Nein, bitte trinken Sie in dieser Zeit keinen Alkohol.

Herr Schiller: *Darf ich* ____________

Arzt: Nein, bitte verlassen Sie während der Visite nicht die Station.

Herr Schiller: *Was gibt es* ____________

Arzt: Zum Mittagessen gibt es täglich drei Menüs. Ein Menü ist vegetarisch.

Herr Schiller: ____________

Arzt: Sie können gerne Tee oder Mineralwasser bekommen.

Herr Schiller: ____________

Arzt: Ja, bitte schalten Sie Ihr Handy ab. Handys stören die Geräte.

3.2 Schreiben Sie Sätze. Achten Sie auf die Wortstellung im Satz.

1. die Versichertenkarte. / brauchen / Sie / auf jeden Fall
2. eine Krankmeldung / für den Arbeitgeber. / Sie / bekommen
3. noch / wir / müssen / Vor der Operation / verschiedene Untersuchungen / machen.
4. Sie / eine Operation? / Hatten / schon einmal
5. im Krankenhaus? / das letzte Mal / Sie / Wann / waren
6. können / an der Rezeption / eine Telefonkarte / kaufen. / Sie
7. Sie / Medikamente? / Nehmen / zurzeit
8. ins Krankenhaus. / Bei einem Arbeitsunfall / man / keine Einweisung / braucht

1. Sie brauchen auf jeden Fall die Versichertenkarte.

4 Ich bin im Krankenhaus. Schreiben Sie eine E-Mail.

P

Sie können morgen nicht in Ihren Deutschkurs kommen, weil Ihr Mann / Ihre Frau im Krankenhaus ist.
Schreiben Sie etwas über folgende Punkte:
– Grund für Ihr Schreiben
– Entschuldigung
– Hausaufgaben?
– Termin für den Kursausflug?
Schreiben Sie auch eine Anrede und einen Gruß.

5 Packen für's Krankenhaus

P

Lesen Sie den Brief und kreuzen Sie für jede Lücke das richtige Wort unten an.

Liebe Anna,
jetzt ist es bald so weit. Wie schade, dass ich nicht bei dir sein kann, ① deine Tochter zur Welt kommt! Bist du sehr nervös?
Hier schicke ich dir noch ein paar Dinge, die du vielleicht brauchen kannst. Erst einmal etwas zu lesen. Ich habe dir einen Krimi und einen Liebesroman eingepackt. Hoffentlich gefallen ② die Bücher! Oder vielleicht hast du Lust, mal ein Hörbuch zu hören? Ich habe dir eins eingepackt, ③ meine Buchhändlerin ganz toll findet. Nimm also einen CD-Spieler mit.
Als ich damals dich bekommen habe, lag ich zwei Tage in der Klinik, ④ es wirklich losging. Ich habe mich furchtbar gelangweilt, bis dein Vater mir endlich etwas zum Lesen gebracht hat.
Nimm etwas Geld mit, aber nur ein paar kleine Scheine. Paula hat einmal 100 Euro im Krankenhaus ⑤! Der Schein war in ihrer Handtasche und dann war er einfach weg. Und lass deinen Schmuck zu Hause oder frag nach, ⑥ das Krankenhaus deine Wertsachen für dich aufbewahren kann. Ach, ich weiß, das ist alles Blödsinn, aber ich bin so nervös. Ruf mich gleich an, wenn du im Zimmer bist und deine Telefonnummer weißt, ja? Ich drücke dir die Daumen!!!
Alles Liebe
deine Mama

1.	2.	3.	4.	5.	6.
a wenn	a dir	a der	a nachdem	a verlieren	a ob
b dass	b du	b das	b wenn	b verlor	b weil
c deshalb	c dich	c den	c bevor	c verloren	c obwohl

6 Einen Konflikt aushandeln

3.45–46

P

Hören Sie die Gespräche. Zu jedem Gespräch gibt es zwei Aufgaben. Kreuzen Sie die richtigen Antworten an.

1. Frau Marquez hat ein Problem mit Frau Schneider. — Richtig / Falsch
2. Frau Schneider …
   - a spricht nachts laut im Schlaf.
   - b schläft lieber allein.
   - c versteht sich nicht gut mit Frau Marquez.
3. Herr Özdemir ist mit dem Essen zufrieden. — Richtig / Falsch
4. Was erzählt Herr Özdemir?
   - a Das Essen ist nicht gut.
   - b Seine Frau hat ihm etwas zu essen mitgebracht.
   - c Er hat sich schon bei der Schwester beschwert.

7 Gesundheitsberufe

3.47

Hören Sie das Gespräch mit Herrn Plötz und kreuzen Sie an: richtig oder falsch?

	R	F
1. Herr Plötz arbeitet beim Deutschen Roten Kreuz.	☐	☐
2. Er hat 15 Jahre Erste Hilfe bei Notfällen geleistet.	☐	☐
3. Sein Vater hatte einen Herzinfarkt.	☐	☐
4. Rettungsassistenten arbeiten auch nachts.	☐	☐
5. Der Beruf von Herrn Plötz war gut für die Familie.	☐	☐
6. Jetzt arbeitet Herr Plötz in der Zentrale.	☐	☐
7. Herr Plötz hat keinen Spaß bei der Arbeit.	☐	☐

8 Vorteile und Nachteile

Schreiben Sie über Ihren Beruf oder einen anderen Beruf, der Sie interessiert. Nennen Sie die Vorteile und Nachteile.

Ich bin ... von Beruf. An meinem Beruf gefällt mir, dass ... Aber ein Nachteil ist, dass ...

Der/Ein Vorteil/Nachteil ist, dass ...
Mir gefällt / Ich finde gut, dass ...
... macht mir (keinen) Spaß, weil ...
Ich freue mich, dass ...
Mich ärgert/stört, dass/wenn ...

9 Etwas genauer sagen – Relativsätze

9.1 Ordnen Sie jeder Person zwei Tätigkeiten zu. Erklären Sie die Begriffe wie im Beispiel.

1. Krankenschwester 2. Laborant 3. Hebamme 4. Stationsärztin 5. Altenpfleger

Blut untersuchen • Tests machen • Schwangere beraten • Patienten untersuchen • bei der Geburt helfen • Patienten waschen • sich um alte Menschen kümmern • Medikamente verordnen • Spritzen geben • beim Waschen und Anziehen helfen

1. Eine Krankenschwester ist eine Person, die Patienten wäscht und ...

9.2 Schreiben Sie Relativsätze.

1. Ist das der Arzt, ...?	Sie finden *ihn* sehr sympathisch. Sie haben gestern *mit ihm* gesprochen. *Er* macht oft Nachtdienst.
2. Ist das das Medikament, ...?	*Von dem* bekommen Sie eine Allergie. *Es* schmeckt schrecklich! *Nach dem* haben Sie die Schwester gefragt.
3. Das ist die Schwester, ...	*Sie* arbeitet auf der Kinderstation. Die Kinder freuen sich immer *auf sie*. Die Eltern telefonieren manchmal *mit ihr*.
4. Sind das die Patienten, ...?	*Sie* sind schon lange auf der Station. Sie treffen sich *mit ihnen* zum Kartenspiel. Die Stationsschwester ärgert sich manchmal *über sie*.

1. Ist das der Arzt, den Sie sehr sympathisch finden?
mit dem Sie gestern gesprochen haben?

9.3 Wenn ich ins Krankenhaus muss, wünsche ich mir ... – Ergänzen Sie und bilden Sie Sätze.

Ärzte, zu denen ... • eine Station, auf der ... • eine Bettnachbarin, mit der ... • Essen, das ... • ein Zimmer, in dem ... • Krankenschwestern, von denen ... • ...

1. Ich wünsche mir Ärzte, zu denen ich Vertrauen habe und mit denen ich ...

10 Tempo! Tempo!

10.1 Lesen Sie die Überschrift und schauen Sie die Fotos an. Worum könnte es in dem Artikel gehen?

Geburt, Gold, Good bye

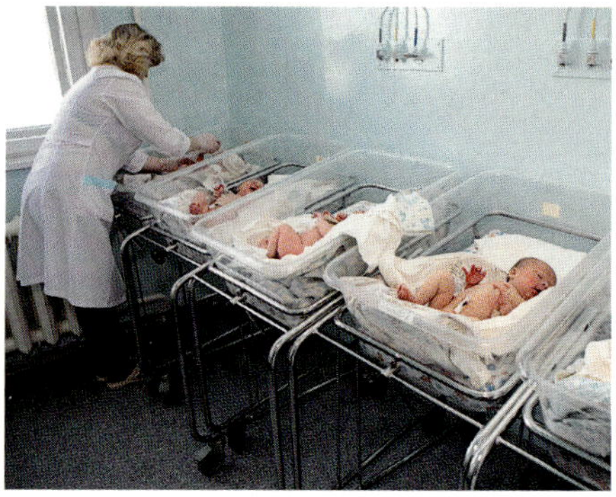

P **10.2 Lesen Sie den Zeitungsartikel und kreuzen Sie an: a, b oder c.**

Mit seinem 16. Sieg hat sich der Skirennläufer Gerd Schönfelder von den paralympischen Winterspielen verabschiedet. Während er auf dem Alpinhang von Whistler Creekside zur vierten Goldmedaille fuhr, brachte seine Frau Christina Sohn Leopold zur Welt. Als Schönfelder um 10.20 Uhr kanadischer Zeit zum Super-G-Lauf startete, setzten bei seiner Frau die Wehen ein. 18.30 Uhr, also 10.30 Uhr deutscher Zeit, ist die offizielle Geburtszeit. „Das ist einfach unglaublich. Ein Tag, an dem man sich fragt, ob man träumt", sagte der 39-Jährige am Abend. „Der kleine Leopold ist 54 Zentimeter groß und wiegt 3390 Gramm. Also fast genau so viel wie die fünf Medaillen, die ich gewonnen habe. Als ich meine Frau nach dem Rennen angerufen habe, wusste sie noch gar nicht, dass ich die Goldmedaille hatte. Und dann hat sie mir gesagt, dass es noch eine Überraschung gibt …"

Es war ein verrückter Tag. Er passte zum außergewöhnlichen Leben von Gerd Schönfelder, das sich schlagartig geändert hatte, als er mit 19 auf einen fahrenden Zug sprang. Der Teenager rutschte ab und kam unter den Zug. Er überlebte, verlor aber seinen rechten Arm. Heute ist er der erfolgreichste deutsche Skirennläufer bei den Winterspielen der Behinderten, bei denen er seit 1992 in Albertville/Frankreich sechsmal gestartet ist. „Das ist schön, aber das war nicht unbedingt mein Ziel. Ich wollte gut Ski fahren und Spaß haben", sagte der Athlet. „Ich muss aber immer volles Risiko fahren, dann bin ich am besten. Das hat super funktioniert."

In Zukunft wird er mehr Zeit für seine Kinder Emilia (2) und Leopold haben. Denn mit dem Erfolg in Kanada nahm der Bayer Abschied von den Paralympics. „So kann man echt aufhören. Das ist ja nicht mehr zu toppen. Meine Karriere ist auf jeden Fall beendet", bekräftigte er sein Good bye. Seine Teamkollegen bedauern das sehr. „Ich bin stolz darauf, dass ich mit dem Gerd in der Nationalmannschaft bin", sagte Schönfelders Teamkollege Martin Braxenthaler. Und Andrea Rothfuß, vierfache Medaillengewinnerin in Whistler, wird ihn vermissen: „Ich war immer irgendwie seine Kleine. Da macht man doch einiges mit in dieser Männerwelt bei uns in Deutschland", sagte die 20-Jährige.

1. Gerd Schönfelder hatte …
   - [a] 1992 in Frankreich einen Skiunfall.
   - [b] mit 19 einen Zugunfall.
   - [c] in Kanada Pech.

2. Er war bei den Paralympics in Kanada …
   - [a] mit seiner ganzen Familie dabei.
   - [b] ein erfolgreicher Eisläufer.
   - [c] fünffacher Medaillengewinner.

3. Während ihr Mann den Super-G-Lauf fuhr, …
   - [a] hatte Frau Schönfelder Wehen.
   - [b] arbeitete Frau Schönfelder im Krankenhaus.
   - [c] kümmerte sie sich um Tochter Emilia.

4. Seine Kollegen in der Nationalmannschaft …
   - [a] freuen sich, dass er aufhört.
   - [b] sind nur Männer.
   - [c] werden ihn vermissen.

Aussprache: Wortakzent

① Hören Sie und markieren Sie den Wortakzent. Sprechen Sie die Wörter.

3.48 das Me-di-ka-ment • das Kran-ken-haus • die O-pe-ra-tion • die Un-ter-su-chung
die Ver-si-cher-ten-kar-te • der Ar-beits-un-fall • der Not-dienst • die Ver-let-zung
die Kin-der-krank-hei-ten • die Be-suchs-zei-ten • der Schlaf-an-zug • der Pa-tient

② Hören und vergleichen Sie. Markieren Sie den Wortakzent. Sprechen Sie dann.

3.49
1. reisen – verreisen – abreisen • kommen – bekommen – ankommen • rufen – gerufen – anrufen
   warten – erwarten – abwarten • kaufen – verkaufen – einkaufen • holen – wiederholen – abholen
2. die Station – die Kinderstation • das Haus – das Krankenhaus • die Pause – die Mittagspause
   der Unfall – der Skiunfall • das Formular – das Anmeldeformular • die Stelle – die Arbeitsstelle

Lesen (Detailverstehen) – Zeitungsartikel

P ZD Lesen Sie zuerst den Zeitungsartikel und lösen Sie dann die fünf Aufgaben (1–5).

Tag der offenen Tür im Kinderkrankenhaus Kiel

Kiel – Besucherrekord in der Klinik für Kinder- und Jugendmedizin in Kiel! Über 1000 Kinder kamen am Sonntag zusammen mit ihren Eltern, um „Krankenhaus“ einmal anders zu erleben. Zum „Tag des Kinderkrankenhauses“ organisierten der Chefarzt und sein Team ein Programm, das nicht nur die Kinder begeisterte. Der „Tag des Kinderkrankenhauses“ findet einmal im Jahr statt und will Kindern die Angst vor „weißen Kitteln“* nehmen. An diesem Tag können die Kinder das Krankenhaus auf spielerische Art erfahren. Die Begeisterung in den Augen der kleinen Besucher war der beste Beweis für das gelungene Programm.

Die neugierigen Kinder nahmen gleich einen blinkenden Rettungswagen in Besitz, ließen mutig ein EKG von sich machen oder schauten ihren Bauch auf einem Sonographie-Bildschirm an. Einige erlaubten einer Krankenschwester sogar, mit der gefürchteten Spritze Blut abzunehmen, um es anschließend selbst zu untersuchen. Überall gab es etwas zu entdecken und dank der lockeren Klinikatmosphäre war von Angst keine Spur. Trotz der vielen Menschen nahmen sich alle Ärzte, Krankenschwestern und Krankenpfleger die Zeit, die Fragen der kleinen Besucher in Ruhe zu beantworten.

Überall sah man aufgeregte Kinder mit ihren „Zickzackzetteln“, so die wortwörtliche Übersetzung der fünfjährigen Nicole für ihr EKG-Protokoll, durch die Flure rennen. Um den Arm hatten sie einen bunt bemalten Gips – die beliebteste Attraktion an diesem „Tag des Kinderkrankenhauses“. Neben Süßigkeiten, Fähnchen und Malstiften hielt die Cafeteria für alle Besucher ein reichhaltiges Kuchenbüfett bereit, welches das Team der Kinderklinik liebevoll zubereitet hatte. In den bunt geschmückten Räumen konnten die Eltern Informationen austauschen, die sie an diesem Tag über die tägliche Arbeit in der Klinik, den Tagesablauf, die Mütterberatung und die Diabetikerschulung erhalten hatten. Die kleinen Besucher erfuhren währenddessen eine völlig neue Krankenhausatmosphäre auf dem geschützten Kinderspielplatz im Innenhof oder durch das umfangreiche Bastelangebot im Spielzimmer.

Eine große Attraktion war natürlich der Auftritt der Klinik-Clowns „Iks“ und „Ypsilon“, die hunderten kleiner und großer Besucher die Nasenspitzen rot anmalten oder sie lustig schminkten. Für „Iks“ und „Ypsilon“, die wohl nördlichsten Clowns Deutschlands, nichts Neues. Schließlich besuchen sie regelmäßig einmal pro Woche die kleinen Patienten in der Kinderklinik, um mit ihnen Spaß zu machen und ihnen Mut zu geben. Auch dieses Angebot der Kieler Kinderklinik ist einmalig in Deutschland.

Der Krankenhausdirektor, Dr. Ventzke, der die Gelegenheit auch nutzte, um seinen Kindern das Krankenhaus zu zeigen, zog folgendes Fazit: „Die große Resonanz ist nicht nur Belohnung für den großen Einsatz aller beteiligten Mitarbeiter/innen, sondern macht auch deutlich, dass die Bürgerinnen und Bürger der Stadt Kiel Vertrauen in die Leistungsfähigkeit unseres Hauses haben und gerne hierher kommen.“

*Kittel – Weiße Kittel sind die traditionelle Arbeitskleidung vom Krankenhauspersonal.

Lösen Sie die Aufgaben 1–5. Entscheiden Sie, welche Lösung (a, b oder c) richtig ist.

Achtung: Die Reihenfolge der einzelnen Aufgaben folgt nicht immer der Reihenfolge des Textes.

TIPP
Lesen Sie vor dem zweiten Lesen erst **alle** Aufgaben. So finden Sie die passenden Stellen im Text schneller. Es zählt, was **im Text** steht! Was sein **könnte**, ist nicht wichtig.

1. Am „Tag des Kinderkrankenhauses" kamen viele Kinder ins Krankenhaus, …
   - [a] weil sie einen Unfall hatten oder krank waren.
   - [b] weil sie die Klinik kennenlernen wollten.
   - [c] weil Untersuchungen notwendig waren.

2. Das Kinderkrankenhaus wollte mit der Aktion …
   - [a] den Kindern die Angst vor der Klinik nehmen.
   - [b] die Eltern für die Klinik interessieren.
   - [c] kranken Kindern helfen.

3. Die Eltern haben …
   - [a] Kuchen für die Besucher gebacken.
   - [b] mit den Kindern gebastelt.
   - [c] sich über das Krankenhaus informiert.

4. Die Kinder konnten an dem Tag …
   - [a] mit dem Rettungswagen mitfahren.
   - [b] sich den Arm eingipsen lassen.
   - [c] andere Kinder untersuchen.

5. Die Clowns kommen regelmäßig, …
   - [a] und schminken alle Kinder.
   - [b] weil sie den Kindern Freude machen wollen.
   - [c] obwohl sie wenig Zeit haben.

Hören (Detailverstehen) – Gespräch

P ZD
3.50

Sie hören nun ein Gespräch. Dazu sollen Sie 10 Aufgaben lösen. Sie hören das Gespräch zweimal. Entscheiden Sie beim Hören, ob die Aussagen 1–10 richtig oder falsch sind. Lesen Sie jetzt die Aufgaben 1–10. Sie haben dazu eine Minute Zeit.

1	Herr Lanz hat fünf Enkel.	Richtig	Falsch
2	Herr Lanz studiert seit diesem Herbst an der Universität.	Richtig	Falsch
3	Herr Lanz hatte immer viel zu tun, seit er nicht mehr arbeitet.	Richtig	Falsch
4	An der Volkshochschule hat Herr Lanz an verschiedenen Kursen teilgenommen.	Richtig	Falsch
5	Vor seinem Studium musste Herr Lanz das Abitur nachholen.	Richtig	Falsch
6	Für sein Studium muss Herr Lanz etwas bezahlen.	Richtig	Falsch
7	Man kann sich aus dem Lehrangebot aussuchen, was man möchte.	Richtig	Falsch
8	Je mehr Seminare und Vorträge man besucht, desto mehr muss man bezahlen.	Richtig	Falsch
9	Es gibt Vorträge nur für die Seniorinnen und Senioren.	Richtig	Falsch
10	Für die Seniorinnen und Senioren gibt es ein spezielles Büro an der Universität.	Richtig	Falsch

Testtraining 10

Hören – Ansagen

P DTZ Sie hören fünf Ansagen aus dem Radio. Zu jeder Ansage gibt es eine Aufgabe. Welche Lösung (a, b oder c) passt am besten?

3.51 (1) Wie wird das Wetter morgen Vormittag?
- [a] Es gibt starken Regen.
- [b] Es wird nicht mehr so warm.
- [c] Es wird schön.

3.52 (2) Wie teilt man dem Radio die Lösung mit?
- [a] Auf einer Postkarte.
- [b] Mit einem Anruf.
- [c] Mit einer SMS.

3.53 (3) Im Stadtmuseum …
- [a] feiert der Bürgermeister seinen 50. Geburtstag.
- [b] gibt es ein spezielles Angebot für Kinder.
- [c] kostet der Eintritt 5 €.

3.54 (4) Weil es einen Streik gibt, …
- [a] fahren von morgens bis abends keine U-Bahnen.
- [b] fahren die S-Bahnen heute nicht.
- [c] fahren ab 20 Uhr keine Busse.

3.55 (5) Auf welcher Autobahn muss man heute aufpassen?
- [a] Auf der A 8.
- [b] Auf der A 9.
- [c] Auf der A 92.

Sprechen – Über sich sprechen

P DTZ

Name
Geburtsort
Wohnort
Arbeit/Beruf
Familie
Sprachen

Information zu diesem Prüfungsteil:
Sie stellen sich zuerst vor. Danach bekommen Sie noch eine zusätzliche Frage zu einem von den sechs Punkten in der Liste.

Sprechen – Kontaktaufnahme

P ZD Unterhalten Sie sich mit Ihrer Gesprächspartnerin / Ihrem Gesprächspartner.
Folgende Themen sind möglich:

- Name
- wo er/sie herkommt
- wo und wie er/sie wohnt (Wohnung, Haus …)
- Familie
- was er/sie macht (Schule, Hobbys, Sport …)
- ob er/sie schon in anderen Ländern war
- welche Sprachen er/sie gelernt hat (wie lange? warum?)
- …

Außerdem kann der Prüfer / die Prüferin noch ein weiteres Thema ansprechen.

Lesen (Sprachbausteine)

P DTZ Lesen Sie den Text und schließen Sie die Lücken 1–6. Welche Lösung (a, b oder c) passt am besten?

Theodora Herzsprung
Wiesenweg 25
24960 Glücksburg

An die
Allgemeine Krankenkasse (AKK)
Seestraße 3
24960 Glücksburg

Glücksburg, den 19. Mai

Teilnahmegebühr für Geburtsvorbereitungskurs

Sehr ⓪ Damen und Herren,

ich habe ① einem Geburtsvorbereitungskurs teilgenommen. Dort habe ich viele wichtige Informationen zu den Themen Schwangerschaft und Geburt ②. Die Kursleiterin hat uns außerdem gesagt, ③ die Krankenkassen ihren Versicherten die Kosten für diese Kurse ersetzen. Deshalb bitte ich ④ darum, mir die Kursgebühr von 150 € zu überweisen. Eine Quittung über die Kursgebühr schicke ich ⑤. Ich würde mich freuen, wenn Sie das Geld schnell überweisen ⑥.

Herzlichen Dank im Voraus,

Theodora Herzsprung

Beispiel

⓪
- [a] freundliche
- [X] geehrte
- [c] liebe

①
- [a] an
- [b] für
- [c] in

②
- [a] bekommen
- [b] erzählt
- [c] gegeben

③
- [a] dass
- [b] ob
- [c] weil

④
- [a] euch
- [b] Ihnen
- [c] Sie

⑤
- [a] an
- [b] bei
- [c] mit

⑥
- [a] kann
- [b] könnten
- [c] wurden

Information für das Zertifikat Deutsch
Der Teil Sprachbausteine 1 im Zertifikat Deutsch funktioniert genauso.
Dort sind es zehn Lücken statt sechs.

FAIRTRADE

Europäisches Halal Zertifizierungsinstitut
www.eurohalal.eu
Halal
EHZ

Einkaufen auf dem Bauernhof

Bio
nach EG-Öko-Verordnung

Im Alltag EXTRA

Techniker Krankenkasse
Gesund in die Zukunft.

DAK
Unternehmen Leben

BARMER GEK die gesund experten

AOK
Die Gesundheitskasse.

Im Alltag EXTRA

Sprechen, sprechen …

Sprachförderung im Kindergarten

Lesen Sie die Aussagen. Sprechen Sie im Kurs: Was ist Ihre Meinung zur zweisprachigen Erziehung?

- ● Wir sprechen in der Familie Portugiesisch und ein bisschen Deutsch. Wenn meine Tochter im Kindergarten die deutsche Sprache richtig gut lernt, dann hat sie keine Probleme in der Schule.
- ○ Mein Sohn soll im Kindergarten auch seine Muttersprache sprechen. Ich glaube, wenn er sie richtig beherrscht, kann er später auch eine zweite oder dritte Sprache gut lernen.
- ▲ Ich habe mit meinem Sohn immer Russisch gesprochen. Seitdem er im Kindergarten ist, antwortet er mir nur noch auf Deutsch. Aber ich spreche weiter Russisch mit ihm.

Mit zwei Sprachen hat ein Kind einen Schatz, der im Leben und im Beruf hilft. Und den kann ihm niemand wegnehmen.

Wie sollte der Kindergarten die zweisprachige Erziehung unterstützen? Sammeln Sie Ideen.

Die Erzieher und Erzieherinnen sollten die Sprache der Kinder sprechen.

Da sollten auch andere Kinder aus ihrem Land sein.

Die Eltern müssen …

Nehmen Sie die Karten und spielen Sie Informationsgespräche. Der Redemittelkasten hilft.

Gibt es Kinder aus … in Ihrem Kindergarten?

Welche Sprachen sprechen die Erzieher und Erzieherinnen?

Wie viele zugewanderte Kinder gibt es …?
Wie viele Stunden Deutschunterricht/Sprachförderung …?
Lernen die Kinder auch Lieder in anderen Sprachen?
Haben Sie Informationsmaterial auf Arabisch/Russisch/Türkisch/…?
An wen kann ich mich zur Sprachförderung noch wenden?

INFO Kindergarten

In Deutschland haben Eltern einen **Rechtsanspruch** auf einen halbtägigen **Kindergartenplatz** für Kinder von 3–6 Jahren. Wichtig ist, dass Sie Ihr Kind möglichst früh bei mehreren Kindergärten anmelden. Die Kosten für den Kindergarten sind in jeder Stadt verschieden. Über die städtischen Kindergärten informiert das Jugendamt Ihrer Stadt.

Für zugewanderte Kinder gibt es in vielen Kindergärten eine spezielle **Sprachförderung**. So können die Kinder die deutsche Sprache lernen, bevor sie in die Schule kommen. Manchmal können die Kinder im Kindergarten auch ihre Herkunftssprache lernen. Fragen Sie nach.
Informationen in vielen Sprachen finden Sie unter www.familienhandbuch.de

Planen und organisieren

Den richtigen Kindergarten finden

Projekt: Suchen Sie Informationen über einen Kindergarten in Ihrer Stadt. Sie können auch im Internet recherchieren. Stellen Sie den Kindergarten im Kurs vor.

Fragebogen Kindergarten

Name des Kindergartens:	____________________
Adresse:	____________________
Erzieher/Erzieherinnen:	Es gibt ______ Erzieher/Erzieherinnen für ______ Kinder.
Gruppengröße:	In den Gruppen sind ______ Kinder.
Sprachen:	Die Erzieherinnen sprechen ____________________.
Sprachförderung:	Die Kinder bekommen ______ mal in der Woche Deutschunterricht.
Essen:	Die Kinder essen mittags ____________________.
Bring- und Abholzeiten:	Man kann die Kinder zwischen ______ und ______ Uhr in den Kindergarten bringen und zwischen ______ und ______ Uhr wieder abholen.
Ferien:	Der Kindergarten ist ____________ geschlossen.
Musik:	Es gibt ____________________.
Sport:	Die Kinder können ____________________.
Elternbeteiligung:	Die Eltern sollen ____________________ und ____________________.
Kosten:	Der Kindergarten kostet monatlich ____________ Euro. Es gibt eine Ermäßigung für ____________________.

Sonstiges (Träger / pädagogisches Konzept / behinderte Kinder usw.): ____________________

____

Kinderbetreuung – international

Wie werden Kinder in Ihrem Land betreut? Sammeln Sie Fragen und sprechen Sie im Kurs.

- Lernen die Kinder schon im Kindergarten Lesen und Schreiben?
- Gibt es eine Betreuung für Schulkinder nach der Schule?

In Russland passen oft die Großeltern auf die Enkelkinder auf, wenn die Eltern arbeiten.

In Bolivien bekommen die Kinder in der Schule Essen. Das ist für viele die einzige Mahlzeit am Tag.

Sprechen, sprechen …

Haftpflichtversicherung

Lesen Sie. Kennen Sie andere Beispiele für Unfälle mit Sachschaden oder Personenschaden?

Sachschaden

Auf dem Parkplatz vom Supermarkt rollt der volle Einkaufswagen von Frau X in ein parkendes Auto. Die Reparatur kostet 800 Euro.

Eine Freundin von mir hatte einmal einen Autounfall. Sie war schuld.

Personenschaden

Herr Y fährt mit dem Fahrrad auf dem Gehweg und verletzt Frau Z. Sie kann drei Monate nicht arbeiten. Das Krankenhaus, das Schmerzensgeld und ihr Verdienstausfall kosten insgesamt 20.000 Euro.

Mein Sohn hat vor ein paar Jahren seinen Freund verletzt.

Informationen über eine Versicherung einholen

Ergänzen Sie den Dialog. Üben Sie den Dialog und spielen Sie ihn im Kurs vor.

Kunde/Kundin	Versicherungsvertreter/in
Guten Tag, ich möchte …	Gerne. Am besten kommt gleich ein Vertreter unserer Versicherung bei Ihnen vorbei! Wann passt es Ihnen?
Moment, ich möchte mich erst einmal informieren.	Natürlich. Dazu brauche ich einige Informationen von Ihnen. Wie ist Ihr Familienstand?
Ich bin …	Haben Sie Kinder?
Nein. / Ja, ich habe ...	Möchten Sie eine Selbstbeteiligung? Sie zahlen dann im Schadensfall bis zu 250 Euro selbst.
Augenblick! Das muss ich mir erst einmal überlegen!	Natürlich. Ich schicke Ihnen schriftliche Informationen zu. Wie ist die Anschrift?
Meine Adresse ist …	Ich rufe Sie dann nächste Woche noch mal an.
Nein, danke. Wenn ich eine Frage habe, melde ich mich selbst.	

INFO Privathaftpflichtversicherung
Laut Gesetz muss jeder, der einem anderen einen Schaden zufügt, Schadenersatz zahlen. Wenn hohe Sachschäden entstehen oder ein Mensch verletzt wird, kann das teuer werden. Die Privathaftpflicht versichert Schadensfälle im täglichen Leben. Es gibt viele Versicherungen mit unterschiedlichen Angeboten. Holen Sie sich Informationen von einem/einer unabhängigen Versicherungsmakler/in. Das kostet etwas. Informationen finden Sie auch bei „Stiftung Warentest“: www.test.de, Suchwort „Privathaftpflichtversicherung“.

Papiere, Papiere ...

Welche Haftpflicht brauchen Sie?

Füllen Sie das Formular aus. Überlegen Sie, was Sie brauchen.

Ihre Angaben	Bitte wählen Sie aus.		
In welcher Lebenssituation befinden Sie sich?	☐ ledig ☐ alleinerziehend	☐ verheiratet ☐ zusammenlebend	
Wie viele Kinder haben Sie?	☐ keine Kinder	☐ _______ Kinder Alter: ___________	
Versicherungssumme (maximale Entschädigung für einen versicherten Schaden)	☐ 1 000 000 € ☐ 3 000 000 €	☐ 15 000 000 € ☐ 50 000 000 €	
Möchten Sie einen Tarif mit oder ohne Selbstbeteiligung?	☐ ohne Selbstbeteiligung	☐ mit Selbstbeteiligung ☐ 100,– € ☐ 250,– €	
Wie lange soll der Vertrag laufen?	☐ ein Jahr	☐ 5 Jahre (5 % Rabatt)	
Zahlungsweise	☐ monatlich ☐ vierteljährlich	☐ halbjährlich ☐ jährlich	
Geltungsbereich allgemein	☐ Europa	☐ weltweit	
Extras			
Ausfalldeckung Beispiel: Ein Kind kickt einen Fußball in Ihr Wohnzimmerfenster. Die Familie des Kindes hat aber keine Haftpflichtversicherung.		☐ ja	☐ nein
Mietsachschäden Beispiel: Sie haben mit einer Zigarette ein Loch in den Boden der Mietwohnung gebrannt.		☐ ja	☐ nein
Schäden bei Baumaßnahmen Beispiel: Ein Freund ist in Ihrer Wohnung über einen Farbeimer gestolpert und schwer gefallen.		☐ ja	☐ nein
Schäden aus dem Datenaustausch und der Internetnutzung Beispiel: Sie versenden eine E-Mail mit einem Virus. Er löscht bei einer Freundin alle Daten.		☐ ja	☐ nein
Verlust von privaten Schlüsseln Beispiel: Sie wohnen in einem Mehrfamilienhaus und verlieren Ihren Schlüssel. Die Schließanlage muss ausgetauscht werden.		☐ ja	☐ nein
Sachschäden am Arbeitsplatz Beispiel: Sie machen im Büro Kopien und beschädigen den Kopierer.		☐ ja	☐ nein

Schreiben Sie einen Schadensfall auf eine Karte. Mischen Sie alle Karten und ziehen Sie eine Karte. Vergleichen Sie mit Ihrer Versicherung. Würde sie den Schaden bezahlen?

Das ist passiert:
Ein Kind hat sich auf ein geparktes Motorrad gesetzt. Das Motorrad ist umgefallen.
Schaden: 1 400 Euro

Sprechen, sprechen …

Lebensmittel reklamieren

Lesen Sie den Dialog. Was ist das Problem?

- ● Ich habe gestern diese Dose Thunfisch gekauft. Zu Hause habe ich gesehen, dass das Haltbarkeitsdatum abgelaufen ist.
- ○ Das tut uns sehr leid. Natürlich tauschen wir den Fisch um. Haben Sie noch den Kassenzettel?

Schreiben Sie Kärtchen. Ziehen Sie ein Kärtchen und spielen Sie einen Dialog.

Die Mandarinen sind verfault.	Auf dem Joghurt ist Schimmel.	In den Datteln sind Würmer.

Das Haltbarkeitsdatum ist überschritten/abgelaufen.	Wir tauschen das Produkt selbstverständlich um!
Auf diesem Pudding ist Schimmel. Ich möchte ihn umtauschen.	Das geht leider nur mit Kassenzettel.
… riecht nicht mehr gut / stinkt.	Das tut uns sehr leid. Nehmen Sie eine andere Packung.
… ist vertrocknet/verschimmelt/faulig.	Diese Ware haben Sie nicht bei uns gekauft.
Die Milch ist sauer.	Das kann gar nicht sein. Die Milch ist frisch!

INFO Informationen auf Lebensmittelpackungen

① Das **Mindesthaltbarkeitsdatum**: Es zeigt, bis wann die Ware gegessen werden sollte.
② Die **Zutatenliste** mit allen Stoffen, die in dem Produkt sind
③ Die **Brennwert**- und **Nährwertangaben**
④ Die **Mengenangabe** in Gramm
⑤ Der **grüne Punkt**: Er sagt, dass man die Verpackung wiederverwerten kann.

① **Mindestens haltbar bis Ende:**
03/2010
L82670G803

② **Zutaten:** Tomatenpulver, jodiertes Speisesalz, Paprika, Zwiebeln, pflanzliches Fett, Stärke, Zucker, Aroma (mit Selleriesaatextrakt), Kreuzkümmel, Knoblauch, Kräuter, Chillies, Koriander, Pfeffer, Hefeextrakt, Ingwer, Traubenzucker

③

100 g Trockenprodukt enthalten	
Brennwert	1220 kj 291 kcal
Eiweiß	11 g
Kohlenhydrate	40 g
Fett	9 g

④ **Füllmenge: 38 g**

⑤

Qualitätssiegel

Welcher Text gehört zu welchem Siegel? Ordnen Sie zu.

A	B	C	D	E
FAIRTRADE	Europäisches Halal Zertifizierungsinstitut – www.eurohalal.eu – Halal – EHZ	Einkaufen auf dem Bauernhof	BiO nach EG-Öko-Verordnung	®

① nach islamischer Tradition erlaubt – enthält z. B. kein Schweinefleisch
② aus biologischer Landwirtschaft – ohne chemische Pflanzenschutzmittel
③ zahnfreundlich – verursacht keine Karies
④ vom Bauernhof in der Nähe – keine langen Transportwege
⑤ aus fairem Handel – hilft kleinen Produzenten in Entwicklungsländern

Projekt: Suchen Sie Qualitätssiegel auf den Waren in Ihrem Supermarkt.

Planen und organisieren

Ein gemeinsames Essen planen

Wollen Sie lieber Essen vorbereiten (A) oder etwas organisieren (B)?

A Essen machen: Wählen Sie in Gruppen jeweils eine Karte.

Vorspeise	Hauptspeise	Nachtisch

Überlegen Sie gemeinsam und entscheiden Sie. Schreiben Sie auf.

- Was wollen Sie machen?
- Für wie viele Personen kochen Sie?
- Welche Zutaten brauchen Sie dafür?
- Wer kauft ein?
- Wo kochen Sie das Essen?
- Was kostet das ungefähr?
- Wer bezahlt dafür?
- Was ist noch wichtig?

Wir machen: …
Anzahl Personen: …
Wir brauchen: …
Einkauf: …
Vorbereitung bei: …
Kosten insgesamt: …
Bezahlung: …
Noch wichtig: …

B Ein Fest organisieren: Wählen Sie in Gruppen jeweils eine Karte.

Getränke	Gläser	Musik

Überlegen Sie gemeinsam und entscheiden Sie. Schreiben Sie auf.

- Was brauchen wir?
- Wo bekommen wir das?
- Was kostet das? Wer bezahlt dafür?
- Müssen wir technische Geräte mitbringen?
- Wer bringt was mit?
- …

Wir brauchen:
Das bekommen wir bei/von: …
Kosten insgesamt: …
…

Berichten Sie im Kurs. Bereiten Sie das Essen vor. Guten Appetit!

Essgewohnheiten – international

Mein Essen in Deutschland – Lesen Sie die Fragen und sprechen Sie im Kurs.

Welche Essgewohnheiten haben Sie aus Ihrem Land mitgebracht?
Wann/Wo / Wie oft am Tag essen Sie?
Können Sie die Zutaten für Ihre Gerichte in Deutschland bekommen?
Haben Sie Ersatz gefunden?

Ich esse gerne Ful-Bohnen zum Frühstück.*

Wir essen auch abends warm: am liebsten zuerst Nudeln und dann Fleisch – wie zu Hause.

* ein Gericht aus dem arabischen Raum mit dicken Bohnen, die man mit Zitronensaft und Olivenöl isst

Sprechen, sprechen …

Sprachen der Welt

Machen Sie eine „Weltkarte der Sprachen" im Kurs. Wo haben Sie welche Sprache gelernt? Tragen Sie Ihre Sprachen in die Weltkarte ein.

Verschiedene Klänge – Sagen Sie einen Satz in Ihrer Sprache, z. B. diesen:

Wo die Sprache aufhört, fängt die Musik an.

Wie klingen andere Sprachen für Sie?

Ich finde … Das klingt für mich … Französisch/… finde ich …	schön • hart • weich • melodisch • unmelodisch • schnell • lustig • energisch • romantisch • …

Sprachenbiografie

Welche Sprachen haben Sie gelernt? Welche Sprachen sprechen Sie wie gut? Erzählen Sie.

… ist meine Muttersprache. Ich spreche fließend / ganz gut / ein bisschen … Ich kann mich in … verständigen.	Ich habe noch Probleme mit dem Schreiben. Ich habe Probleme, die Leute zu verstehen, wenn sie schnell und undeutlich reden.
Ich spreche … und … mit meiner Familie.	Ich habe hier niemanden, der meine Sprache spricht.
Ich finde es gut, wenn die Leute mein Deutsch korrigieren.	Es ärgert mich, wenn Deutsche kein richtiges Deutsch mit mir reden.
Wenn ich meine Sprache spreche, kann ich witzig und locker sein.	Es macht mich manchmal sehr müde, Deutsch zu sprechen.

Papiere, Papiere …

Meine Sprachen und ich

Arbeiten Sie zu Hause in Ruhe. Notieren Sie im Raster alle Spracherfahrungen, die Sie in Ihrem Leben gesammelt haben: in der Schule, in der Familie, bei der Arbeit, auf Reisen …

Vergleichen Sie im Kurs.

Sprachen, die ich in der Familie / in meiner Umgebung spreche:			
Sprache(n)			
Mit diesen Menschen spreche ich die Sprache:			
Zu dieser Zeit und an diesem Ort spreche ich die Sprache:			
Diese Sprache(n) kann ich auch:			
hören und verstehen	lesen	sprechen	schreiben
So habe ich die Sprache(n) gelernt:			
Sprache(n)	Ich habe die Sprache(n) gelernt: (in der Familie, in der Schule, im Urlaub usw.)		im Alter von
Diese Sprache(n) möchte ich noch lernen:			
Sprache(n)	So möchte ich die Sprache lernen:		
So lerne ich Sprachen am liebsten:			

INFO Sprachenportfolio
Alle europäischen Bürger sollen neben ihrer Muttersprache mindestens zwei Fremdsprachen beherrschen. So will es die Europäische Kommission. Das Europäische Sprachenportfolio des Europarats ist ein Instrument, mit dem man die eigenen sprachlichen Fähigkeiten beschreiben kann. Informationen dazu finden Sie unter www.sprachenportfolio-deutschland.de

Projekte:

1. **Führen Sie ein Interview mit einem/einer Deutschen und lassen Sie ihn/sie das Raster ausfüllen. Berichten Sie im Kurs.**
2. **Überlegen Sie, wie Sie den Sprachkontakt mit Deutschen verbessern können. Sammeln Sie Ihre Ideen.**

Sprechen, sprechen …

Eltern werden

Die beiden rechts werden Eltern und haben viele Fragen. Beantworten Sie die Fragen. Der INFO-Kasten hilft.

1. Muss ich meinem Arbeitgeber sagen, dass ich schwanger bin?
2. Kann mir mein Arbeitgeber kündigen?
3. Wie lange muss ich nicht arbeiten?
4. Bekomme ich Mutterschaftsgeld?
5. Wo müssen wir Kindergeld beantragen?
6. Wie lange können wir Elternzeit nehmen?
7. Können auch Migranten Elterngeld bekommen?
8. Wo müssen wir das Baby anmelden?

INFO Eltern werden

Anmeldung
Sie müssen Ihr Baby innerhalb einer Woche nach der Geburt beim **Standesamt** anmelden. Nehmen Sie die Geburtsbescheinigung von der Klinik mit. Gleich nach der Geburt sollten Sie Ihr Kind auch auf Ihrer **Lohnsteuerkarte** eintragen lassen.

Elterngeld
EU-Staatsangehörige und Schweizer können wie Deutsche Elterngeld bekommen, wenn sie in Deutschland arbeiten oder wohnen. Andere Migrantinnen und Migranten bekommen Elterngeld, wenn sie dauerhaft in Deutschland leben und z. B. eine **Niederlassungserlaubnis** haben.

Elternzeit
Arbeitnehmerinnen und Arbeitnehmer, die ihr Kind selbst betreuen und erziehen, haben für maximal drei Jahre nach der Geburt einen Rechtsanspruch auf Elternzeit.

Information für den Arbeitgeber
Sie müssen Ihren Arbeitgeber nicht über eine Schwangerschaft informieren. Aber er kann den **Mutterschutz** nur einhalten, wenn er Bescheid weiß.

Kindergeld
Ein monatliches Kindergeld bekommt man für alle Kinder unter 18 und für Kinder in der Ausbildung oder im Studium unter 25. Den Antrag stellen Sie bei der **Familienkasse** in der Arbeitsagentur.

Kündigungsschutz
Der Arbeitgeber darf Ihnen während der gesamten Dauer der Schwangerschaft und bis zu vier Monaten nach der Geburt nicht kündigen.

Mutterschaftsgeld
Mutterschaftsgeld bekommen alle Frauen, die wegen der **Mutterschutzfrist** nichts verdienen.

Mutterschutzfrist
Schwangere müssen in den letzten sechs Wochen vor der Geburt nicht arbeiten (nur, wenn sie das unbedingt wollen). Die Schutzfrist endet acht Wochen nach der Geburt.

Informieren Sie sich
z. B. unter www.familien-wegweiser.de

Projekt:

Sammeln Sie weitere Fragen zu den Themen oben. Besprechen Sie im Kurs, wie Sie sich informieren. Wer übernimmt welche Aufgabe?

Papiere, Papiere ...

Elterngeld beantragen

Füllen Sie das Antragsformular entweder für Frau Schmitz oder für Frau Berger und Herrn Cellini aus. Vergleichen Sie im Kurs.

Romina Schmitz beantragt Elterngeld für sich alleine für 14 Monate. Sie ist seit dem 24.03.2010 verheiratet. Frau Schmitz war bis zur Geburt berufstätig. Herr Schmitz ist Elektrotechniker. Er arbeitet im europäischen Ausland und kann sich deshalb nicht regelmäßig um sein Kind kümmern.

Laura Berger und Ruben Cellini beantragen zusammen Elterngeld. Laura will die ersten neun Monate nach der Geburt zu Hause bleiben. Wenn sie wieder arbeitet, bleibt Ruben noch fünf Monate zu Hause. Das Paar lebt zusammen, ist aber nicht verheiratet. Frau Berger ist seit dem 30.01.2011 geschieden. Herr Cellini ist ledig.

Mutter	Vater
☐ verheiratet seit __________ ☐ ledig ☐ geschieden seit __________ ☐ verwitwet	☐ verheiratet seit __________ ☐ ledig ☐ geschieden seit __________ ☐ verwitwet
☐ eingetragene Lebenspartnerschaft seit __________ ☐ Ich lebe unverheiratet mit dem anderen Elternteil zusammen. ☐ Ich habe das alleinige Sorgerecht.	☐ eingetragene Lebenspartnerschaft seit __________ ☐ Ich lebe unverheiratet mit dem anderen Elternteil zusammen. ☐ Ich habe das alleinige Sorgerecht.
Angaben zu den Monaten, für die Elterngeld beantragt wird (Bezugszeitraum)	
☐ Ich beantrage Elterngeld für mindestens 2 und maximal 12 Lebensmonate. ☐ Ich beantrage das Elterngeld allein für 14 Lebensmonate, ☐ da ich das alleinige Sorgerecht habe und der Vater weder mit dem Kind noch mit mir in einer Wohnung zusammenlebt. ☐ da die Betreuung des Kindes durch den Vater das Kindeswohl gefährdet. ☐ da die Betreuung des Kindes durch den Vater unmöglich ist. Grund: __________	☐ Ich beantrage Elterngeld für mindestens 2 und maximal 12 Lebensmonate. ☐ Ich beantrage das Elterngeld allein für 14 Lebensmonate, ☐ da ich das alleinige Sorgerecht habe und die Mutter weder mit dem Kind noch mit mir in einer Wohnung zusammenlebt. ☐ da die Betreuung des Kindes durch die Mutter das Kindeswohl gefährdet. ☐ da die Betreuung des Kindes durch die Mutter unmöglich ist. Grund: __________
☐ Ich beantrage hiermit Elterngeld für folgende Lebensmonate 1 2 3 4 5 6 7 8 9 10 11 12 13 14	☐ Ich beantrage hiermit Elterngeld für folgende Lebensmonate 1 2 3 4 5 6 7 8 9 10 11 12 13 14

Behördensprache

Ordnen Sie die richtige Erklärung zu. Sammeln Sie weitere Begriffe aus der Behördensprache und klären Sie sie im Kurs.

ähnlich wie die Ehe: für zwei Männer / zwei Frauen, die zusammenleben

eingetragene Lebenspartnerschaft

ein anderes Wort für „die Adresse"

Zeitraum, in dem jemand Geld vom Staat bekommt

der Wohnsitz

der Bezugszeitraum

das Familieneinkommen

was alle Familienmitglieder zusammen im Jahr verdienen

Sprechen, sprechen ...

Gesetzliche Krankenversicherungen (GKV)

Die Leistungen dieser Krankenkassen sind zu fast 95 % gesetzlich festgelegt.

BARMER GEK die gesund experten

Techniker Krankenkasse Gesund in die Zukunft.

AOK Die Gesundheitskasse.

DAK Unternehmen Leben

Lesen Sie die Liste. Was meinen Sie: Welche Leistungen werden bezahlt und welche nicht?

- ☐ Untersuchungen zur Kontrolle
- ☐ Medikamente (Sie bezahlen 5–10 Euro.)
- ☐ Krebsvorsorgeuntersuchungen
- ☐ Standardimpfungen
- ☐ Therapie bei schweren Krankheiten
- ☐ stationärer Aufenthalt im Krankenhaus (Sie bezahlen 10 Euro am Tag, max. 28 Tage im Jahr.)
- ☐ sportmedizinischer Fitnesstest
- ☐ Behandlung von Unfällen
- ☐ Arztbesuch in einem anderen EU-Staat
- ☐ Rücktransport aus dem Ausland
- ☐ Psychotherapie
- ☐ Entfernung von Tätowierungen
- ☐ Zahnbehandlungen

Nicht übernommen werden: sportmedizinischer Fitnesstest, Rücktransport aus dem Ausland, Entfernung von Tätowierungen

Individuelle Gesundheitsleistung

Überlegen Sie, was die Überschrift bedeuten könnte. Lesen Sie dann die Erklärung.

Viele Untersuchungen und Behandlungen sind sinnvoll, aber die GKV bezahlen sie nicht. Diese individuellen Gesundheitsleistungen muss man selbst bezahlen.

Ärzte schlagen häufig Maßnahmen vor, für die Sie selbst bezahlen müssen. Spielen Sie die Dialoge.

Besteht die Gefahr, dass ich einen Schlaganfall bekomme?	*Schnarche ich so laut, weil ich krank bin?*	*Entwickelt sich mein Kind normal?*	*Bleiben von meiner Akne Narben?*
Der Nervenarzt empfiehlt einen ***Schlaganfall-Check***. Er kostet **190 Euro**.	Der Hals-Nasen-Ohren-arzt empfiehlt eine ***Schnarchen-Diagnose***. Sie kostet **80 Euro**.	Der Kinderarzt empfiehlt eine ***Untersuchung zur Früherkennung von Entwicklungsstörungen***. Sie kostet **50 Euro**.	Der Hautarzt empfiehlt ein ***Peeling zur Akne-behandlung***. Es kostet **300 Euro**.

Sie fragen/bitten:	Der Arzt / Die Ärztin antwortet vielleicht so:
Was kostet das?	In meiner Praxis kostet das ... Euro.
Ist das notwendig? / Warum empfehlen Sie das?	Das ist wichtig für alle Menschen über 45.
Gibt es dazu Informationsmaterial?	Ich habe hier eine Broschüre.
Ich hätte gern einen Kostenvoranschlag.	Ja, natürlich.
Bekomme ich eine Quittung?	Selbstverständlich.

INFO Gesetzliche Krankenversicherungen (GKV)
Sie können Ihren Arzt frei wählen, wenn er mit den GKV zusammenarbeitet. Wenn Sie keine Überweisung haben, müssen Sie pro Arztbesuch und Quartal (Vierteljahr) eine Praxisgebühr von 10 Euro zahlen. Alle Leistungen finden Sie unter www.gesetzlichekrankenkassen.de
Individuelle Gesundheitsleistungen werden nicht bezahlt. Informieren Sie sich bei Ihrer GKV oder einer Patientenberatungsstelle. Adressen finden Sie unter www.unabhaengige-patientenberatung.de oder rufen Sie (kostenfrei) an: 0800 0 11 77 22

Papiere, Papiere …

Krankenkassen vergleichen

Obwohl alle GKV fast gleich viel kosten und fast die gleichen Leistungen anbieten, gibt es einige Unterschiede. Viele GKV bieten Zusatzleistungen an. Zu diesen zählen z. B. Zusatzimpfungen oder alternative Heilmethoden. Vergleichen Sie. Sie können Ihre Krankenkasse wechseln, wenn Sie mindestens 18 Monate Mitglied der Krankenkasse waren.

Welche Krankenkasse empfehlen Sie diesen Personen?

Familie Salvio möchte eine Krankenkasse für die ganze Familie. Frau Salvio ist schwanger und braucht vielleicht eine Haushaltshilfe für die Zeit nach der Geburt.

James Mak ist viel im Ausland unterwegs. Seine Krankenkasse soll die Kosten übernehmen, wenn er im Ausland krank wird.

Silvette Riemann ist Kettenraucherin. Sie sucht eine Krankenkasse, die ihr hilft, mit dem Rauchen aufzuhören.

Krankenkasse A

- ☐ kostenlose eigene Gesundheitskurse
- ☐ Kurse z. B. im Fitnesscenter werden zu 80 % erstattet, bis maximal 100 € je Kurs
- ☐ Grippeschutzimpfung für alle Versicherten
- ☐ alternative Heilmethoden
- ☐ Haushaltshilfe nicht nur bei Krankenhausaufenthalt, wenn Kinder unter 16 Jahre alt sind
- ☐ Kinderleicht – kein Problem mit dem Gewicht

Krankenkasse B

- ☐ kostenlose Gesundheitskurse
- ☐ Individuelles Vorsorgeprogramm für Schwangere
- ☐ günstige Konditionen für die Nichtraucherseminare
- ☐ Akupunktur bei chronischen Schmerzen der Lendenwirbelsäule
- ☐ Zentrum für persönliche Beratung, Hausbesuche möglich

Krankenkasse C

- ☐ Gesundheitskurse auch im Urlaub
- ☐ Grippeschutzimpfungen
- ☐ Schutzimpfungen für private Reisen
- ☐ PH-Selbsttest für Schwangere
- ☐ Auslandsservice für viele Länder
- ☐ Kundenhotline rund um die Uhr
- ☐ telefonischer Auslandsservice

Markieren Sie die Leistungen, die für Sie am wichtigsten sind.

Projekt:

Welche Zusatzleistungen bietet Ihre GKV an? Fragen Sie bei Ihrer GKV und stellen Sie die Leistungen im Kurs vor.

Gesundheitsversorgung – international

Erzählen Sie.

Wie funktioniert die Gesundheitsversorgung in Ihrem Land?
Gibt es Krankenversicherungen?
Wie werden die Ärzte bezahlt?
Was passiert, wenn man ins Krankenhaus muss?
…

Unregelmäßige Verben

abbiegen, biegt ab, bog ab, ist abgebogen
angreifen, greift an, griff an, angegriffen
auffallen, fällt auf, fiel auf, ist aufgefallen
aufgeben, gibt auf, gab auf, aufgegeben
ausblasen, bläst aus, blies aus, ausgeblasen
aushalten, hält aus, hielt aus, ausgehalten
auswandern, wandert aus, wanderte aus, ist ausgewandert
backen, backt/bäckt, backte, gebacken
beginnen, beginnt, begann, begonnen
begreifen, begreift, begriff, begriffen
behalten, behält, behielt, behalten
bekommen, bekommt, bekam, bekommen
beraten, berät, beriet, beraten
beschreiben, beschreibt, beschrieb, beschrieben
besitzen, besitzt, besaß, besessen
besprechen, bespricht, besprach, besprochen
bestehen, besteht, bestand, bestanden
betragen, beträgt, betrug, betragen
betreiben, betreibt, betrieb, betrieben
betreten, betritt, betrat, betreten
bewerben, bewirbt sich, bewarb sich, hat sich beworben
bieten, bietet, bot, geboten
bitten, bittet, bat, gebeten
bleiben, bleibt, blieb, ist geblieben
braten, brät, briet, gebraten
bringen, bringt, brachte, gebracht
da sein, ist da, war da, ist da gewesen
denken, denkt, dachte, gedacht
dürfen, darf, durfte, dürfen/gedurft
einfallen, fällt ein, fiel ein, ist eingefallen
einladen, lädt ein, lud ein, eingeladen
einsteigen, steigt ein, stieg ein, ist eingestiegen
eintragen, trägt ein, trug ein, eingetragen
einziehen, zieht ein, zog ein, ist eingezogen
empfangen, empfängt, empfing, empfangen
empfehlen, empfiehlt, empfahl, empfohlen
empfinden, empfindet, empfand, empfunden
enthalten, enthält, enthielt, enthalten
entkommen, entkommt, entkam, ist entkommen
entlassen, entlässt, entließ, entlassen
entscheiden, entscheidet, entschied, entschieden
entschließen, entschließt, entschloss, entschlossen
entstehen, entsteht, entstand, ist entstanden
erfahren, erfährt, erfuhr, erfahren
erfinden, erfindet, erfand, erfunden
erhalten, erhält, erhielt, erhalten
erkennen, erkennt, erkannte, erkannt
erraten, errät, erriet, erraten
erziehen, erzieht, erzog, erzogen
essen, isst, aß, gegessen
fahren, fährt, fuhr, ist gefahren
fallen, fällt, fiel, ist gefallen
fernsehen, sieht fern, sah fern, ferngesehen
finden, findet, fand, gefunden
fliegen, fliegt, flog, ist geflogen
fliehen, flieht, floh, ist geflohen
folgen, folgt, folgte, ist gefolgt
geben, gibt, gab, gegeben
gefallen, gefällt, gefiel, gefallen
gehen, geht, ging, ist gegangen
gelten, gilt, galt, gegolten
genießen, genießt, genoss, genossen
gewinnen, gewinnt, gewann, gewonnen
gießen, gießt, goss, gegossen
haben, hat, hatte, gehabt
halten, hält, hielt, gehalten
hängen, hängt, hing, gehangen
heißen, heißt, hieß, geheißen
helfen, hilft, half, geholfen
kennen, kennt, kannte, gekannt
kommen, kommt, kam, ist gekommen
können, kann, konnte, gekonnt/können
lassen, lässt, ließ, gelassen
laufen, läuft, lief, ist gelaufen
leidtun, tut leid, tat leid, leidgetan
lesen, liest, las, gelesen
liegen, liegt, lag, gelegen
messen, misst, maß, gemessen
möchten, möchte, mochte, gemocht
mögen, mag, mochte, mögen/gemocht
müssen, muss, musste, müssen/gemusst
nachschlagen, schlägt nach, schlug nach, nachgeschlagen
nehmen, nimmt, nahm, genommen
nennen, nennt, nannte, genannt
passieren, passiert, passierte, ist passiert
raten, rät, riet, geraten
reisen, reist, reiste, ist gereist
riechen, riecht, roch, gerochen
rufen, ruft, rief, gerufen
scheinen, scheint, schien, geschienen
scheitern, scheitert, scheiterte, ist gescheitert
schlafen, schläft, schlief, geschlafen
schlagen, schlägt, schlug, geschlagen
schließen, schließt, schloss, geschlossen
schneiden, schneidet, schnitt, geschnitten
schreiben, schreibt, schrieb, geschrieben
schreien, schreit, schrie, geschrien
schwimmen, schwimmt, schwamm, hat/ist geschwommen
sehen, sieht, sah, gesehen
sein, ist, war, ist gewesen
singen, singt, sang, gesungen
sinken, sinkt, sank, ist gesunken

sitzen, sitzt, saß, gesessen
sollen, soll, sollte, sollen/gesollt
sprechen, spricht, sprach, gesprochen
springen, springt, sprang, ist gesprungen
stattfinden, findet statt, fand statt, stattgefunden
stehen, steht, stand, ist gestanden
steigen, steigt, stieg, ist gestiegen
streichen, streicht, strich, gestrichen
streiten, streitet sich, stritt sich, hat sich gestritten
tragen, trägt, trug, getragen
treffen, trifft, traf, getroffen
treiben, treibt, trieb, getrieben
treten, tritt, trat, ist getreten
trinken, trinkt, trank, getrunken
trocknen, trocknet, trocknete, ist getrocknet
tun, tut, tat, getan
überweisen, überweist, überwies, überwiesen
umsteigen, steigt um, stieg um, ist umgestiegen
umziehen, zieht um, zog um, ist umgezogen
unterhalten, unterhält sich, unterhielt sich, hat sich unterhalten
unterschreiben, unterschreibt, unterschrieb, unterschrieben
unterstreichen, unterstreicht, unterstrich, unterstrichen
verbieten, verbietet, verbat, verboten
verbinden, verbindet, verband, verbunden
verbringen, verbringt, verbrachte, verbracht
vergeben, vergibt, vergab, vergeben
vergessen, vergisst, vergaß, vergessen
vergleichen, vergleicht, verglich, verglichen
verhalten, verhält, verhielt, verhalten
verlassen, verlässt, verließ, verlassen
verleihen, verleiht, verlieh, verliehen
verlieren, verliert, verlor, verloren
vermeiden, vermeidet, vermied, vermieden
verreisen, verreist, verreiste, ist verreist
verschieben, verschiebt, verschob, verschoben
verstehen, versteht, verstand, verstanden
vertreten, vertritt, vertrat, vertreten
verweisen, verweist, verwies, verwiesen
vorschlagen, schlägt vor, schlug vor, vorgeschlagen
wachsen, wächst, wuchs, ist gewachsen
waschen, wäscht, wusch, gewaschen
werden, wird, wurde, ist geworden
werfen, wirft, warf, geworfen
widersprechen, widerspricht, widersprach, widersprochen
wissen, weiß, wusste, gewusst
wollen, will, wollte, wollen/gewollt
zerschneiden, zerschneidet, zerschnitt, zerschnitten
ziehen, zieht, zog, gezogen

Verben mit Präpositionen

Mit Akkusativ

achten	auf	Ich achte sehr auf gute Kleidung.
ärgern (sich)	über	Er ärgert sich über seinen Kollegen.
bewerben (sich)	um	Anna bewirbt sich um eine neue Stelle.
einsetzen (sich)	für	Werner setzt sich für den Tierschutz ein.
einstellen (sich)	auf	Ich stelle mich auf gutes Wetter ein.
eintreten	für	Lisa tritt für den Umweltschutz ein.
engagieren (sich)	für	Immer weniger Leute engagieren sich für soziale Projekte.
entschließen (sich)	für	Mathilde hat sich für eine Ausbildung entschlossen.
erinnern (sich)	an	Erinnerst du dich gut an deine Kindheit?
hineinfallen	in	Der Schmutz fällt genau in die Tüte hinein.
hoffen	auf	Er hofft auf eine gute Note.
impfen	gegen	Martin lässt sich gegen Tetanus impfen.
interessieren (sich)	für	Ich interessiere mich sehr für Mode.
kümmern (sich)	um	Die Politik muss sich um die Probleme von den Bürgern kümmern.
liefern	an	Der Lkw liefert Waren an die Supermärkte.
nachdenken	über	Ich denke oft über das Leben nach.
spezialisieren	auf	Diese Firma ist auf Computerprogramme spezialisiert.
verlassen (sich)	auf	Auf meine Familie kann ich mich immer verlassen.
verlieben (sich)	in	Ich habe mich vor zwei Jahren in meinen Kollegen verliebt.
verzichten	auf	Herr Weber kann auf den Fernseher nicht verzichten.
vorbereiten (sich)	auf	Birgit hat sich gut auf die Arbeit vorbereitet.
wundern (sich)	über	Ich wundere mich über deine Reaktion.

Mit Dativ

auffordern	zu	Er fordert sie zum Tanzen auf.
bedanken (sich)	bei	Olga bedankt sich bei Frau Wohlfahrt.
beschweren (sich)	bei	Frau Müller beschwert sich bei der Nachbarin.
bestehen	aus	Die meisten Haushalte heute bestehen aus einer Person.
chatten	mit	Gestern habe ich mit meiner Freundin gechattet.
diskutieren	mit	Ich diskutiere gerne mit anderen Menschen.
einigen (sich)	mit	Ich habe mich nach vielen Diskussionen mit meinem Ex-Mann geeinigt.
erholen (sich)	von	Veronika erholt sich in den Alpen vom Alltagsstress.
erkundigen (sich)	nach	Ich möchte mich nach Kursangeboten erkundigen.
experimentieren	mit	Der Maler experimentiert mit Farben.
festhalten	an	Alle halten gern an ihren Gewohnheiten fest.
fliehen	vor	Einstein musste vor den Nazis ins Ausland fliehen.
halten	von	Was halten Sie von der Elternzeit?
mitarbeiten	bei	Ich arbeite bei einem Projekt mit.
orientieren (sich)	an	Der Kindergarten orientiert sich an den Wünschen von den Eltern.
raten	zu	Der Arzt rät ihm zu einer Therapie.
richten (sich)	nach	Ich richte mich ganz nach dir.
riechen	nach	Es riecht nach Olivenöl.
scheitern	an	Er scheitert an der einfachsten Aufgabe.
schuld sein	an	Du bist schuld an meinem Unglück!
schützen	vor	Handschuhe schützen vor der Kälte im Winter.
streiten (sich)	mit	Maria streitet sich oft mit ihren Geschwistern.
unterhalten (sich)	mit	Sibylle unterhält sich mit Manuel.
vorbeifahren	an	Das Auto fährt an der Schule vorbei.
zusammenwohnen	mit	Sie wohnt mit ihrem Freund zusammen.

Alphabetische Wortliste

Diese Informationen finden Sie im Wörterverzeichnis:

In der Liste finden Sie die Wörter aus den Kapiteln 25–30 von *Berliner Platz 3 NEU*.

Wo Sie das Wort finden – Kapitel, Nummer der Aufgabe, Seite:
Altenheim, das, -e 30/7, 66

Den Wortakzent – kurzer Vokal • oder langer Vokal –:
Blut, das (*Sg.*) 30/1, 62
Bonbon, das, -s 30/5, 65

Bei unregelmäßigen Verben finden Sie den Infinitiv, die 3. Person Singular Präsens, das Präteritum und das Partizip Perfekt:
anschreien, schreit an, schrie an, angeschrien 29/7, 56

Bei Verben, die das Perfekt mit *sein* bilden – Infinitiv, 3. Person Singular Präsens, Präteritum und Perfekt:
entstehen, entsteht, entstand, ist entstanden 28/1, 42

Bei Nomen – das Wort, den Artikel, die Pluralform:
Augenblick, der, -e 26/3, 19

Bei Adjektiven – das Wort und die unregelmäßigen Steigerungsformen:
scharf, schärfer, am schärfsten 27/1, 27

Bei verschiedenen Bedeutungen eines Wortes – das Wort und Beispiele:
Kraft (1), die, "-e (*Der Fitnesstrainer hat viel Kraft in den Armen.*) 26/6, 22
Kraft (2), die (*Sg.*) (*Der neue Vertrag ist gestern in Kraft getreten.*) 28/3, 44

Fett gedruckte Wörter gehören zum Deutsch-Test für Zuwanderer- bzw. Zertifikats-Wortschatz. Diese Wörter müssen Sie auf jeden Fall lernen.

Eine Liste mit unregelmäßigen Verben von *Berliner Platz 3 NEU* finden Sie auf Seite 136.
Eine Liste der Verben mit Präpositionen finden Sie auf Seite 138.

Abkürzungen und Symbole

"	Umlaut im Plural (bei Nomen)
,	keine Steigerung (bei Adjektiven)
(*Sg.*)	nur Singular (bei Nomen)
(*Pl.*)	nur Plural (bei Nomen)
(+ *A.*)	Präposition mit Akkusativ
(+ *D.*)	Präposition mit Dativ
(+ *A./D.*)	Präposition mit Akkusativ oder Dativ
(+ *G.*)	Präposition mit Genitiv

ab und zu 30/3, 64
abbauen 25/10, 13
abreisen 26, 24
abschaffen 28/12, 49
abwechslungsreich 26/6, 22
ähnlich 28/8, 46
alkoholisch 27/3, 28
Alleinstehende, der/die, -n 25/4, 8
Allergie, die, -n 30, 70
Alltagsstress, der (*Sg.*) 26/6, 22
Almhütte, die, -n 26/6, 22
Alpen, die (*Pl.*) 26/7, 23
Alpspitze, die, -n 26/6, 22
als 28/1, 43
Altbauwohnung, die, -en 25/4, 8
Alte, der/die, -n 25/4, 8
Altenheim, das, -e 30/7, 66
Altenpfleger, der, - 30/9, 67
Ältere, der/die, -n 25, 11
Alternative, die, -n 26/6, 22
Anästhesie, die, -n 30/1, 63
angreifen, greift an, griff an, angegriffen 29/7, 56
Angriff, der, -e 28, 42
anschließend 28, 50
anschreien, schreit an, schrie an, angeschrien 29/7, 56
ansprechbar *,* 30/2, 63
Antibiotikum, das, Antibiotika 30/9, 67
anziehen, zieht an, zog an, angezogen (*Bitte den Arm anziehen!*) 30/7, 66
applaudieren 28/12, 49
Arbeitsbelastung, die, -en 30/7, 66
Arbeitskraft, die, "-e 28/1, 43
Arbeitslosigkeit, die (*Sg.*) 28/12, 49
Arme, der/die, -n 30/10, 69
Armee, die, -n 28, 42
Art, die, -en 28, 42
Assoziation, die, -en 28/1, 42
Atomkraftwerk, das, -e 28, 42
Attraktion, die, -en 26/6, 22
aufbauen 29/3, 54
aufeinander 29/1, 52
auffallen, fällt auf, fiel auf, ist aufgefallen 25, 11
Aufnahme, die, -n 30/4, 64
Aufnahmeformular, das, -e 30/1, 62
Aufnahmegespräch, das, -e 30/3, 64
aufräumen 26/1, 16
aufregen (sich) 30/10, 68
Aufregung, die, -en 30/10, 68
aufteilen 29/9, 58
Auftrag, der, "-e 26/2, 18
Augenblick, der, -e 26/3, 19
Aus, das (*Sg.*) 27/5, 30
Ausbildungsplatz, der, "-e 26/4, 20
Ausgabe, die, -n 26/1, 16
ausgehen, geht aus, ging aus, ist ausgegangen 29/7, 57
aushalten, hält aus, hielt aus, ausgehalten 30/7, 66
aushandeln 30/6, 65
Aussehen, das (*Sg.*) 25, 11
außen 28/3, 44
Aussiedler, der, - 28/8, 46
Austausch, der (*Sg.*) 25/10, 13
auswandern, wandert aus, wanderte aus, ist ausgewandert 28/8, 46
Autofernfahrt, die, -en 28/1, 43
Babypause, die, -n 29/9, 58
Babysachen, die (*Pl.*) 30/10, 69
Bäcker, der, - 27/5, 30
Bademantel, der, "- 30/4, 64
Baguette, das, -s 27/5, 30
bankrott *,* 28/3, 44

bankrottgehen, geht bankrott, ging bankrott, ist bankrottgegangen 28/3, 44
Banküberweisung, die, -en 28/9, 47
Bär, der, -en 27/2, 27
Barzahlung, die, -en 26/1, 16
beantragen 29/9, 58
beenden 26/4, 20
Befund, der, -e 30/1, 62
Behandlung, die, -en 30/7, 66
beibringen, bringt bei, brachte bei, beigebracht 25/10, 13
beitreten, tritt bei, trat bei, ist beigetreten 28/3, 44
beliebt 26/6, 22
benötigen 30/4, 64
Beratungsabend, der, -e 25/4, 8
Bericht, der, -e 28/9, 47
Berufsleben, das, - 29/9, 58
Beruhigungsmittel, das, - 30/10, 68
beschaffen 26/4, 21
Bescheinigung, die, -en 30, 70
beschuldigen 29/7, 56
Besitzer, der, - 25/4, 8
bestellen 26/1, 16
Besucherraum, der, "-e 29/11, 59
Besuchszeit, die, -en 30/4, 64
betonen 28/10, 48
betragen, beträgt, betrug, betragen 29/9, 58
Betrunkene, der/die, -n 27/2, 27
Bettnachbar, der, -n 30/6, 65
bewegen (sich) 30/3, 64
Bewerber, der, - 26/5, 21
Bewerbungstraining, das, -s 25/9, 11
Bewohner, der, - 25/4, 8
bezeichnen 28/8, 46
Bier, das, -e 27/5, 30
binational *,* 28/9, 47
Biografie, die, -n 25/2, 7
blass 30/10, 69
Blödsinn, der (*Sg.*) 27/1, 26
Blumenwiese, die, -n 29/1, 52
Blut, das (*Sg.*) 30/1, 62
Blutdruck, der (*Sg.*) 30/7, 66
Bonbon, das, -s 30/5, 65
Borschtsch, der (*Sg.*) 27/10, 33
Bratwurst, die, "-e 27/5, 30
Bürgerrecht, das, -e 28/11, 48
Bürgerfest, das, -e 28/3, 44
bürgerfreundlich 28/9, 47
Bürokratie, die, -n 28/9, 47
Chefarzt, der, "-e 30/1, 62
Chipkarte, die, -n 30/9, 67
Chirurgie, die, -n 30/1, 63
Collage, die, -n 26, 23
contra 28/11, 48
Currysoße, die, -n 27/5, 30
Currywurst, die, "-e 27/5, 30
Dachterrasse, die, -n 25/4, 8
damit 29/9, 58
dank (+ *G.*) 28/9, 47
danken 25, 14
darstellen 28/9, 47
darüber hinaus 28, 42
darunter 25/4, 8
Daten, die (*Pl.*) 28/4, 44
davon 28, 42
dazukommen, kommt dazu, kam dazu, ist dazugekommen 28/9, 47
dazuzahlen 30/6, 65
Definition, die, -en 30/9, 67
Demokratie, die, -n 28/4, 44
demokratiefeindlich 28/9, 47
Deutschlerner, der, - 25, 13
Diagnose, die, -n 30/1, 62
Diktatur, die, -en 28/4, 44
Döner, der, - 27/5, 30
doppelt 27/3, 28
Doppelte, das (*Sg.*) 27/5, 30
Dreirad, das, "-er 30/10, 69
dreisprachig *,* 28/9, 47
drin 27/10, 33
drinstecken 29/7, 56
Drittel, das, - 27/5, 30
Druck, der (*Sg.*) 30/9, 67
Du/Sie-Aussage, die, -n 29/7, 56
durchatmen 26/6, 22
durchschnittlich 27/5, 30
Eigenschaft, die, -en 29/3, 54
einchecken 26/1, 16
Eindruck, der, "-e 28/12, 49
einführen 28/3, 44
Einführung, die, -en 29/9, 58
eingepackt 26/6, 22
einigen (sich) (mit + *D.*) 30/6, 65
Einigung, die, -en 28/3, 44
einkalkulieren 29/3, 54
Einnahmen, die (*Pl.*) 26/1, 16
einnehmen, nimmt ein, nahm ein, eingenommen 30/3, 64
einpacken 30/9, 67
Einsamkeit, die (*Sg.*) 25, 15
Einsatzort, der, -e 26/5, 21
eintreffen, trifft ein, traf ein, ist eingetroffen 28/5, 45
Einweisung, die, -en 30/4, 64
Einzelkind, das, -er 29/6, 56
Einzelzimmer, das, - 26/2, 18
Elefant, der, -en 26/2, 19
Elektrikerlehre, die, -n 28, 50
Element, das, -e 30/9, 67
Elterngeld, das (*Sg.*) 29/9, 58
Elternteil, der, -e 29/9, 58
Elternzeit, die (*Sg.*) 29/10, 59
Empfang, der, "-e 26/1, 16
empfinden, empfindet, empfand, empfunden 29/7, 56
Energiesparen, das (*Sg.*) 28, 42
Entbindung, die, -en 30/1, 62
Entbindungsstation, die, -en 30/10, 68
Entbindungszimmer, das, - 30/10, 69
enthalten, enthält, enthielt, enthalten 27/1, 27
entkommen, entkommt, entkam, ist entkommen 26/6, 22
entlassen, entlässt, entließ, entlassen 30/4, 64
Entscheidung, die, -en 29/9, 58
entschließen (sich) (für + *A.*), entschließt, entschloss, entschlossen 27/4, 29
entschlossen 28/12, 49
entspannen (sich) 30/10, 68
entstehen, entsteht, entstand, ist entstanden 28, 42
Enttäuschung, die, -en 29/1, 52
entweder ... oder 29/3, 54
Erdbeben, das, - 28/4, 44
erfahren, erfährt, erfuhr, erfahren 25/10, 12
Erfolgsgeschichte, die, -n 28/9, 47
Ergebnis, das, -se 25/2, 6
erholen (sich) (von + *D.*) 26/6, 22
Erholung, die (*Sg.*) 27/1, 26
Erkrankung, die, -en 30, 70
erkundigen (sich) (nach + *D.*) 25/8, 11
Erlebnis, das, -se 26/6, 22
erlebnisreich 26/6, 22
ermorden 28, 42
Ernährungsberater, der, - 27/1, 27
Ernährungspyramide, die, -n 27/3, 28
Erneuerung, die, -en 28/3, 44
erobern 28, 42
erschließen, erschließt, erschloss, erschlossen 25/10, 12
erwarten 27/7, 31
Erziehungsarbeit, die (*Sg.*) 29/9, 58
Essgewohnheit, die, -en 27/3, 28
europäisch 28/3, 44
Extrabett, das, -en 26/2, 18
Fach, das, "-er 25/7, 10
Fahrgast, der, "-e 26/6, 22
familienfreundlich 29/9, 58
Fast Food, das (*Sg.*) 27/1, 27
Feierabend, der, -e 27/8, 32
Fernreise, die, -n 28/1, 43
fernschauen 30/6, 65
festhalten (an + *D.*), hält fest, hielt fest, festgehalten 27/5, 30
festigen 25/10, 13
festlegen 26/1, 16
Fett, das, -e 27/1, 27
Finanzierungsproblem, das, -e 25/4, 8
finanzstark, finanzstärker, am finanzstärksten 25/4, 8
Fischgericht, das, -e 27/9, 32
Fläche, die, -n 25/4, 8
Flüchtling, der, -e 28/8, 46
Flugticket, das, -s 28/9, 47
Fluss, der, "-e 26/8, 23
Flüssigkeit, die, -en 27/3, 28
folgen, folgt, folgte, ist gefolgt 28/1, 43
folgend 25/10, 12
Fortschritt, der, -e 28/9, 47
Frauensache, die, -n 29/10, 59
Fremdarbeiter, der, - 28/8, 46
Fremdsprachenkenntnisse, die (*Pl.*) 26/5, 21
Freude, die, -n 26/4, 20
Fruchtsaft, der, "-e 27/3, 28
Frühjahr, das, -e 25/4, 8
Frühstücksbüfett, das, -s 26, 24
fühlen (sich) 27/3, 28

Nachbarschaft, die, -en 25/4, 8
nachdem 28/1, 43
nachdenklich 28/12, 49
Nachspeise, die, -n 27/5, 30
Nachtschwester, die, -n 30/9, 67
Nahrungsmittel, das, - 27/3, 28
Narkose, die, -n 30/1, 62
Naturerfahrung, die, -en 26/6, 22
Naturerlebnis, das, -se 26/6, 22
Naturliebhaber, der, - 26/6, 22
n-Deklination, die, -en 26/2, 19
nebenbei 25/10, 12
Negative, das (*Sg.*) 28/10, 48
nerven 29/4, 55
nervig 29/3, 54
nervös 29/1, 52
Netbook, das, -s 30/5, 65
Nettoeinkommen, das, - 29/9, 58
Nettogehalt, das, "-er 29/9, 58
nicht nur … sondern auch 29/2, 53
Nichtverstehen, das (*Sg.*) 26/5, 21
niedergeschlagen 29/3, 54
Niederlage, die, -n 28/12, 49
noch 29/4, 55
Notarzt, der, "-e 30/1, 62
Notaufnahme, die, -n 30/1, 62
Notfall, der, "-e 30/2, 63
Notfallambulanz, die, -en 30/1, 63
Notizzettel, der, - 30/4, 64
Notruf, der, -e 30/2, 63
notwendig 26/4, 20
nur noch 30/7, 66
Nuss, die, "-e 27/3, 28
ob 25/8, 11
Ober, der, - 27/9, 33
obwohl 27/7, 31
ohnmächtig 30/10, 68
Ohrstöpsel, der, - 30/9, 67
okay 27/10, 33
Ökobewegung, die, -en 28, 42
ökologisch 25/4, 8
Operation, die, -en 30/1, 62
operieren 30/3, 64
Orthopädie, die, -n 30/1, 63
Ostseestrand, der, "-e 26, 24
Paar, das, -e 25/4, 8
Panne, die, -n 28/1, 43
Parkplatznutzung, die, -en 25/4, 8
Partnerregion, die, -en 28, 47
Partnerschaft, die, -en 25/2, 7
Partnerstadt, die, "-e 28, 47
Patienteninformation, die, -en 30/1, 62
per 26/4, 20
Periode, die, -n 28/9, 47
Personal, das (*Sg.*) 26/2, 19
Personalausweis, der, -e 30/4, 64
Personalleiter, der, - 25/9, 11
Pflegebett, das, -en 30/1, 62
Phrase, die, -n 29/7, 56
Physiotherapeut, der, -en 30/7, 66
Pizzeria, die, Pizzerien 28/2, 43
Plusquamperfekt, das (*Sg.*) 28/7, 45
Pommes, das, - 27/5, 30
Portier, der, -s 26/1, 16
Porträt, das, -s 28/8, 46
positiv 28/10, 48
Positive, das (*Sg.*) 28/10, 48
Post, die (*Sg.*) 26/4, 20
Präsentation, die, -en 25, 11
privatisieren 28/3, 44
pro 28/11, 48
problematisch 30/8, 66
Profi, der, -s 26/4, 20
profitieren 25, 11
programmieren 25/10, 12
prost 27/10, 33
protestieren 28, 42
provoziert 29/7, 56
Psychologe, der, -n 29/7, 56
Pudding, der, -s/-e 30/10, 69
Putsch, der, -e 28/4, 44
Pyramide, die, -n 27/3, 28
Qualifikation, die, -en 25/6, 9
Quark, der (*Sg.*) 27/3, 28
Quatsch, der (*Sg.*) 29/3, 54
Radiologie, die, -n 30/1, 63
Rangliste, die, -n 30/5, 65
rasen, rast, raste, ist gerast 30/10, 68
Rasierer, der, - 30/5, 65
Rasierwasser, das, - 30/5, 65
raten (zu + *D.*), rät, riet, geraten (*Er rät ihm zu einer Therapie.*) 29/7, 56
recherchieren 26, 23
Redemittel, das, - 26/5, 21
Regionalgeschichte, die (*Sg.*) 28, 47
Reihe, die, -n 26/6, 22
Reinigung, die, -en 26/1, 16
Reiseangebot, das, -e 26/6, 22
Reiseland, das, "-er 26/8, 23
Restaurantfachmann, der, "-er 26/5, 21
Rettungsassistent, der, -en 30/1, 62
Rettungsdienst, der, -e 30/2, 63
Rezeptionist, der, -en 26/1, 16
riesig 30/10, 69
roh 30/10, 69
Rolle, die, -n 29/7, 56
Rollenvorgabe, die, -n 30/6, 65
Rollstuhl, der, "-e 30/10, 69
Rote Bete, die (*Sg.*) 27/10, 33
Rotwein, der, -e 27/5, 30
Routineuntersuchung, die, -en 30/4, 64
Saison, die, -s 27/9, 32
Salatplatte, die, -n 27, 34
Sandwich, das/der, -s 27/5, 30
sanft 26/6, 22
sanieren 28/3, 44
satt 27/3, 28
sauer 29, 60
Säugling, der, -e 30/10, 68
scharf, schärfer, am schärfsten 27/1, 27
Schärfe, die, -n 27/1, 27
Schatz, der, "-e (*Mein Schatz, ich liebe dich.*) 30/10, 68
Schauspieler, der, - 28/12, 49
Schicht, die, -en 26/4, 20
Schlafanzug, der, "-e 30/5, 65
schlagen, schlägt, schlug, geschlagen 27/5, 30
schlecht 30/3, 64
Schlittenfahrt, die, -en 26/6, 22
Schlittenparty, die, -s 26/6, 22
schneebedeckt 26/6, 22
Schneeschuhwanderer, der, - 26/6, 22
Schneeschuhwandern, das (*Sg.*) 26/6, 22
Schranktür, die, -en 29/3, 54
schreien, schreit, schrie, geschrien 29/8, 57
Schublade, die, -n 29/3, 54
schuld sein (an + *D.*) 29/7, 56
Schüler-Lehrer, der, - 25/10, 13
Schulleiter, der, - 25/10, 12
Schwangerschaftsgymnastik, die, -en 30/10, 68
Schweinefleisch, das (*Sg.*) 27/5, 30
Schwester, die, -n (*Krankenschwester*) 30/6, 65
schwierig 30/7, 66
Schwierigkeitsgrad, der, -e 26/6, 22
schwindelig 30/10, 69
Selbstbewusstsein, das (*Sg.*) 25/10, 13
Sendezeit, die, -en 28/12, 49
Seniorenakademie, die, -n 25/10, 12
Servicepersonal, das (*Sg.*) 26/3, 19
Sonnenenergie, die, -n 28, 42
sowie 27/5, 30
sowieso 28/12, 49
sowohl … als auch 29/3, 54
sozusagen 25/4, 8
Spaghetti, die (*Pl.*) 28/2, 43
Speisekarte, die, -n 26/1, 16
spezialisieren (sich) (auf + *A.*) 30/7, 66
Spezialität, die, -en 27/9, 32
speziell 25/10, 12
Spielsachen, die (*Pl.*) 30/10, 68
Spielzeugabteilung, die, -en 30/10, 68
Sportgenuss, der, "-e 26/6, 22
Sprichwort, das, "-er 27/2, 27
Spruch, der, "-e 29/3, 54
Stadtgeschichte, die (*Sg.*) 28, 47
stadtnah 25/4, 8
ständig 30/7, 66
stärken 25/10, 13
Stationsarzt, der, "-e 30/1, 62
Stationsschwester, die, -n 30, 71
statt 27/9, 33
stattfinden, findet statt, fand statt, stattgefunden 25/7, 10
staubsaugen 26/1, 16
Streit, der, -e 29/1, 52
Streitgespräch, das, -e 29/8, 57
Studio, das, -s 28/12, 49
stürzen, stürzt, stürzte, ist gestürzt 30/2, 63
Superlativform, die, -en 26/7, 22
Suppe, die, -n 26/7, 23
Süße, das (*Sg.*) 27/7, 31
Tal, das, "-er 26/6, 22
Talent, das, -e 25/2, 7
Talkshow-Moderator, der, -en 28/12, 49
Teddybär, der, -en 30/10, 69
Teegarten, der, "- 27/8, 32
Teilnahme, die, -n 25/7, 10

Teilnehmer, der, - 25, 14
Teilzeit, die (*Sg.*) 26/5, 21
Telefonanlage, die, -n 29/2, 53
Temperatur, die, -en 26/8, 23
tief 26/6, 22
Tier, das, -e 26/6, 22
tolerant 28/12, 49
Tour, die, -en 26/6, 22
Tourismusmanagement, das, -s 26/4, 20
traditionell 27/5, 30
traumhaft 26/6, 22
Treffen, das, - 25/5, 9
treiben, treibt, trieb, getrieben (*Günther treibt regelmäßig Sport.*) 26/6, 22
treten, tritt, trat, ist getreten (*Der Vertrag trat 2009 in Kraft.*) 28/3, 44
Trinkgeld, das, -er 27/9, 33
trotzdem 25/4, 8
Tumorerkrankung, die, -en 30/7, 66
Turnschuh, der, -e 30/10, 69
Übergewicht, das (*Sg.*) 27/1, 27
Überschwemmung, die, -en 28/4, 44
um (...herum) 25/4, 8
um zu 27/2, 27
umstrukturieren 28/3, 44
Umweltverschmutzung, die, -en 28, 42
unbedingt 26/4, 20
Unfallstation, die, -en 30/1, 62
unglaublich 30/7, 66
Unglück, das, -e 30/1, 62
unpünktlich 29/3, 54
Unpünktlichkeit, die (*Sg.*) 29/4, 55
untereinander 29/9, 58
unterstreichen, unterstreicht, unterstrich, unterstrichen 27/7, 31
Untersuchung, die, -en 30/1, 62
Ursache, die, -n 27/1, 27
Ururgroßvater, der, "- 28/8, 46
vegetarisch *,* 27/9, 32
Verabschiedung, die, -en 25/9, 11
verbringen, verbringt, verbrachte, verbracht 26/6, 22
vereinen 28/7, 45
Vergesslichkeit, die (*Sg.*) 29/4, 55
Verhältnis, das, -se 25, 11
verlassen (sich) (auf + *A.*), verlässt, verließ, verlassen 29/1, 52
verletzen (sich) 30/2, 63
verletzt 30/1, 62
Verletzte, der/die, -n 30/2, 63
Verletzung, die, -en 30/2, 63
verlieben (sich) (in + *A.*) 29/1, 52
verlieren, verliert, verlor, verloren 28, 42
vermutlich 29/7, 56
Verordnung, die, -en 28/9, 47
verrückt 29/3, 54
Verstand, der (*Sg.*) 29/1, 52
Verständnis, das (*Sg.*) 25/10, 13
versteckt 26/6, 22
versuchen 27/4, 29
Vertrauen, das (*Sg.*) 25/6, 9
Verwaltung, die, -en 26/2, 19
verwenden 29/7, 56
Verzeihung, die (*Sg.*) 26/3, 19
verzichten (auf + *A.*) 30/6, 65
Visite, die, -n 30/1, 62
Vitamin, das, -e 27/1, 27
vollkommen 26/6, 22
Vollkornbrot, das, -e 27/3, 28
Vollkornnudel, die, -n 27/3, 28
Vollzeit, die (*Sg.*) 26/4, 20
Vollzeitkraft, die, "-e 26/5, 21
vorangehen, geht voran, ging voran, ist vorangegangen 28/3, 44
vorbei 27/5, 30
vorbeischauen 30/7, 66
vorbeiziehen, zieht vorbei, zog vorbei, ist vorbeigezogen 26/6, 22
vorstellen (sich) (*Stellen Sie sich eine Blumenwiese vor.*) 25/4, 8
Vorwurf, der, "-e 29/7, 56
wachsen, wächst, wuchs, ist gewachsen 28/6, 45
während (1) (+ *G.*) (*Während der kalten Tage kommen die Tiere ins Tal.*) 26/6, 22
während (2) (*Anna ist pünktlich, während Michael immer zu spät kommt.*) 29/3, 54
Wahrheit, die, -en 27/2, 27
Währung, die, -en 28/3, 44
Wanderweg, der, -e 26/6, 22
Wandzeitung, die, -en 25, 11
weder ... noch 29/3, 54
Wehe, die, -n 30/10, 68
Weißwurst, die, "-e 27/5, 30
weiterbringen, bringt weiter, brachte weiter, weitergebracht 30, 70
weiterhin 29/9, 58
weitermachen 27/4, 29
Wellnesshotel, das, -s 30/7, 66
wenigstens 27/10, 33
werktags 26/5, 21
Wiederhören, das 25, 14
wiederum 27/5, 30
Wiedervereinigung, die (*Sg.*) 28/3, 44
Wildfütterung, die, -en 26/6, 22
Windenergie, die, -n 28, 42
Winterluft, die (*Sg.*) 26/6, 22
Wintersportart, die, -en 26/6, 22
Winterurlaub, der, -e 26/6, 22
Winterwelt, die, -en 26/6, 22
Winterwochenende, das, -n 26/6, 22
wirtschaftlich 28/9, 47
Wirtschaftsbetrieb, der, -e 28/3, 44
Wirtschaftsgemeinschaft, die, -en 28/5, 45
Wirtschaftskrise, die, -n 28/8, 46
Wirtschaftswunder, das, - 28/8, 46
Wissenschaft, die, -en 27, 35
Wissensgebiet, das, -e 25/10, 12
Witz, der, -e 27/6, 31
Wochenendtourist, der, -en 26/6, 22
Wohl, das (*Sg.*) (*Zum Wohl!*) 27/10, 33
wohl 30/10, 69
wohlfühlen (sich) 27/1, 27
Wohnkonzept, das, -e 25/4, 8
Wohnprojekt, das, -e 25/4, 8
woran 26/6, 22
wundern (sich) (über + *A.*) 29/7, 56
Wurstbrot, das, -e 27/7, 31
Würstchen, das, - 27/5, 30
Zahnbürste, die, -n 30/5, 65
Zahncreme, die, -s 30/5, 65
Zahnklinik, die, -en 30/1, 63
Zahnoperation, die, -en 30/3, 64
Zeichnung, die, -en 29/4, 55
Zeitpunkt, der, -e 28/6, 45
zerschneiden, zerschneidet, zerschnitt, zerschnitten 30/9, 67
zerstören 28, 42
Zimmermädchen, das, - 26/1, 16
Zimmerservice, der, -s 26/1, 16
zubereiten 26/1, 16
zurückbrüllen 29/7, 56
zurückgehen, geht zurück, ging zurück, ist zurückgegangen 28/2, 43
zurückkehren, kehrt zurück, kehrte zurück, ist zurückgekehrt 28/8, 46
zurückkönnen, kann zurück, konnte zurück, zurückgekonnt/zurückkönnen 29/9, 58
zusammenlegen 27/6, 31
zusammenschließen (sich), schließt zusammen, schloss zusammen, zusammengeschlossen 28/3, 44
zusammensetzen 30/9, 67
Zuwanderung, die (*Sg.*) 28/8, 46
Zweitjob, der, -s 26/4, 20
zwischendurch 27/3, 28

Quellenverzeichnis

Fotos, die im Folgenden nicht aufgeführt sind: Vanessa Daly
Karte auf der vorderen Umschlagsinnenseite: Polyglott-Verlag München

S. 6 Foto B: Theo Scherling
S. 7 Zeichnung: Marco Diewald; Foto D: Archiv Bild & Ton; Foto E: Manuela Hasler
S. 8 iStockphoto
S. 9 links: iStockphoto; Mitte: Logo des Kinderbüros der Stadt Karlsruhe mit freundlicher Genehmigung des Kinderbüros; rechts: Fotolia.com; unten: Anne Köker
S. 10 AWO Bundesverband e.V.
S. 11 shutterstock.com
S. 12 Fotos und Logo: Homepage des Friedrich-Ebert-Gymnasiums Bonn, Projektleiterin Dr. Iris Grote
S. 13 Corbis
S. 17 Foto H: Annalisa Scarpa-Diewald
S. 20 Foto 1: Lutz Rohrmann; Foto 2: Sergey Smolyaninov – Fotolia.com; Foto 3 und 4: Fotolia.com; Foto 5: Alistair Cotton – Fotolia.com
S. 21 Lutz Rohrmann
S. 22 Tourist Information Garmisch-Partenkirchen
S. 23 oben: Lutz Rohrmann; unten: Jan Schuler – shutterstock.com
S. 24 Martina Berg – Fotolia.com
S. 26 Foto B: Zsolt Nyulaszi – iStockphoto
S. 27 Foto C: Fotolia.com; Foto D: Eric Hood – iStockphoto; Foto E: shutterstock.com
S. 28 Annalisa Scarpa-Diewald
S. 30 Foto 1 und Foto 3 links: pixelio.de; Foto 2: Fotolia.com; Foto 3 rechts: Albert Ringer
S. 31 oben: Sandra Henkel – Fotolia.com; Mitte: Fotolia.com; unten: Yuri Arcurs – Fotolia.com
S. 36 Nikola Lainović
S. 37 Foto 6: Christiane Lemcke; Foto 8: Sandra Henkel – Fotolia.com; Foto 10: Corbis; Foto 11: Annalisa Scarpa-Diewald
S. 38 www.arttec-grafik.de
S. 39 © Eith-Verlag, St. Goarshausen
S. 41 oben: Studentenwerk Mannheim; unten: Hilla Südhaus, aid
S. 42 Foto A: Daimler AG; Foto B: Ullstein Bild; Foto C: dpa / picture-alliance
S. 43 Foto D: Ullstein Bild; Foto E: dpa
S. 44 Karte Grenze BRD-DDR: BUND Projektbüro; links unten: Fotolia.com; Mitte: Fotolia.com; rechts oben und unten: Ullstein Bild
S. 45 © Deutsches Museum
S. 46 links: Christian Weibell – iStockphoto; Mitte links: Fotolia.com; Mitte rechts: Pedro Monteiro – Fotolia.com; rechts: Fotolia.com; unten: Philip Devlin
S. 47 Foto A: Grischa Georgiew – Fotolia.com; Foto B: Fotolia.com; Foto C: Thaut Images – Fotolia.com; Foto D: Annerose Bergmann; unten: Creative Commons by High Contrast
S. 48 oben links: Ashwin – Fotolia.com; oben Mitte: Cosmin-Ovidiu Munteanu – Fotolia.com; oben rechts: shutterstock.com; unten: Annalisa Scarpa-Diewald
S. 50 oben: Martina Topf – Fotolia.com; unten: Tanja Bagusat – Fotolia.com
S. 51 Fotolia.com
S. 52 Annalisa Scarpa-Diewald
S. 53 Foto C: Ludovic LAN – Fotolia.com; Foto D: Albert Ringer
S. 54 Annalisa Scarpa-Diewald
S. 55 Annalisa Scarpa-Diewald
S. 56 Fotolia.com
S. 57 Galina Barskaya – shutterstock
S. 59 Günter Menzl – Fotolia.com
S. 62 Foto A: Das Fotoarchiv; Foto C: Maria P. – Fotolia.com
S. 63 Foto D: Monkey Business – Fotolia.com; Foto F: Gina Sanders – Fotolia.com; Foto G: Fotolia.com
S. 64 bilderbox – Fotolia.com
S. 66 oben links: Walter Luger – Fotolia.com; oben rechts: Andres Rodriguez – Fotolia.com; unten: Ragne Kabanova – Fotolia.com
S. 67 Annalisa Scarpa-Diewald
S. 70 Fotolia.com
S. 74 Foto 1: BUND Projektbüro; Foto 2: ddp images GmbH; Foto 3: akg-images
S. 75 Foto 4: Klaus Leidorf; Foto 5: dpa; Foto 6: Xaver Klaußner – Fotolia.com
S. 76 Thomas Aumann – Fotolia.com
S. 77 links oben: pixelio.de; links unten: JayDee – Fotolia.com; rechts: Michael Kügler – Fotolia.com
S. 78 Foto Familienfeier: Lutz Rohrmann; Foto Mädchen: Archiv Bild & Ton; Foto Frühling: Lutz Rohrmann
S. 79 Fotolia.com
S. 80 oben: Anne Köker; unten: Anne Clark – iStockphoto; Text: „Lebensabend: Familie oder Altenheim?" nach Jutta Brinkmann und Ulrike Michels, Köln
S. 81 Chris Schmidt – iStockphoto; Text: „Wohnen im Alter 2" von Jutta Brinkmann und Ulrike Michels, Köln
S. 83 oben links: iStockphoto; oben rechts: Fotolia.com; unten: Homepage des Friedrich-Ebert-Gymnasiums Bonn, Projektleiterin Dr. Iris Grote
S. 84 Mauritius Images
S. 87 James Steidl – Fotolia.com
S. 89 oben: Mauritius Images; unten: wikimedia public domain
S. 90 links: Stanislav Fadyukhin – iStockphoto; Mitte: Peeter Viisimaa – iStockphoto; rechts: Deanna Bean – iStockphoto
S. 98 Text 1: mit freundlicher Genehmigung von Marvellino's AG Guides & Services, Düsseldorf; Text 2: mit freundlicher Genehmigung der Abendzeitung München; Text 3 und Foto: mit freundlicher Genehmigung der Edition XXL GmbH, Reichelsheim-Beerfurth; Text 4: Arbeitsgemeinschaft Ernährungsverhalten e. V. Freising
S. 99 Pavel Losevsky – Fotolia.com
S. 100 oben: Ullstein Bild; unten: Associated Press
S. 101 oben: Fotolia.com; Beethoven: Süddeutsche Zeitung Photo; Einstein: Lutz Rohrmann; Heidi: Heidi nach Johanna Spyri, illustriert von Maja Duskov 2009, Nord Süd Verlag AG, CH-8005 Zürich
S. 102 oben: Dmitry Maslov – iStockphoto; unten: Maria Buchfelder
S. 103 Grischa Georgiew – Fotolia.com
S. 104 Umschläge und Blechschachtel: Annerose Bergmann; Foto A, B, D: Archiv Bild & Ton; Foto C: Lutz Rohrmann
S. 105 Archiv Bild & Ton
S. 106 Lutz Rohrmann
S. 107 Annalisa Scarpa-Diewald
S. 110 Fotolia.com
S. 111 Günter Menzl – Fotolia.com
S. 114 Fotolia.com
S. 115 wikimedia creative commons by Ernstl
S. 116 links: dpa / picture-alliance; rechts: Anatoly Tiplyashin – Fotolia.com
S. 118 links: Fotolia.com; Text und Foto rechts: mit freundlicher Genehmigung des Städtischen Krankenhauses Kiel
S. 119 Andres Rodriguez – Fotolia.com
S. 120 Annalisa Scarpa-Diewald
S. 124 Fotolia.com
S. 125 laif
S. 127 Annalisa Scarpa-Diewald
S. 129 Stockfood
S. 130 Annalisa Scarpa-Diewald
S. 131 Lisa F. Young – Fotolia.com
S. 132 oben: Raymond Gregory – iStockphoto; unten: Annalisa Scarpa-Diewald
S. 135 links: Tatiana Gladskikh – iStockphoto; Mitte: shutterstock.com; rechts: Olga Shevchenko – iStockphoto